EL SIGLO QUE DESPIERTA

CARLOS FUENTES Y RICARDO LAGOS
EN CONVERSACIÓN

EL SIGLO QUE DESPIERTA

Edición de Juan Cruz

TAURUS

PENSAMIENTO

D. R. © Carlos Fuentes y Ricardo Lagos, 2012
D. R. © De esta edición:
Santillana Ediciones Generales, S. A. de C. V., 2012
Av. Río Mixcoac 274, Col. Acacias
México, 03240, D. F.
Teléfono 5420 7530
www.editorialtaurus.com/mx

Fecha de publicación: marzo de 2012
Primera reimpresión: agosto de 2012

ISBN: 978-607-11-1808-0

D. R. © Diseño de cubierta: Pep Carrió

Impreso en México

PRISA EDICIONES

ÍNDICE

INTRODUCCIÓN

Juan Cruz

¿En qué mundo vivimos? O mejor: «¡En qué mundo vivimos!». O aún mejor mejor: «¡¿En qué mundo vivimos?!». De las tres maneras puede decirse la perplejidad de los ciudadanos que hoy, a comienzo de 2012, viven en un universo que más que nunca parece un mundo mal hecho.

Esas preguntas se hicieron, nada más sentarse en un hotel de Londres donde se alojaba el expresidente chileno, Ricardo Lagos y Carlos Fuentes. La crisis europea, que había nacido en Estados Unidos, estaba en su cénit, y empezaba a afectar, y de qué manera, también al principal imperio del mundo, que se tambaleaba a pesar de los esfuerzos de Barack Obama, esfuerzos que el exmandatario latinoamericano y el gran intelectual mexicano ponderaron enseguida.

Ellos habían acordado un cuestionario que, en principio, inspiró Ricardo Lagos, pero pronto Fuentes lo hizo suyo. En el esquema que trajo a la primera reunión el hombre que puso en vilo a Pinochet y luego contribuyó decisivamente a deshacer su funesta construcción dictatorial, figuraba en primer lugar una incitación a Fuentes, como escritor, como novelista, como estudioso, además, de todas las ficciones latinoamericanas, incluidas las leyendas. Decía el primer capítulo sobre el que debíamos dialogar: «El imaginario latinoamericano de hoy. ¿Dónde los sueños de este tiempo? ¿Qué se nos quedó atrás? Tanto crisol de razas, ¿convergen a un imaginario común?». Cuando pusimos sobre la mesa esas cuestiones es cuando Fuentes, con las distintas gradaciones que tienen esas exclamaciones que parecen preguntas, expresó lo que parecía la pregunta central de su diálogo con Ricardo Lagos. ¿En qué mundo vivimos? ¡En qué mundo vivimos! ¡¡¿En qué mundo vivimos?!!

Y con esas exclamaciones o preguntas comenzó (y, en cierto modo, terminó) la conversación que tuve el honor de moderar entre dos sabios de la época, dos ciudadanos que por caminos distintos han llegado a preocupaciones similares.

El uno es político, Ricardo Lagos, expresidente chileno, que, como queda apuntado, tuvo la osadía civil de enfrentarse al dictador Pinochet cuando aún éste mandaba muchísimo en La Moneda, y que luego fue un gran presidente democrático y progresista en su país; y el otro es Carlos Fuentes, el escritor mexicano que nació en Panamá, fue diplomático, pero sobre todo es uno de los testigos de un siglo convulso que él ha descrito, desde todas las miradas posibles, en una obra magna que sigue abierta.

Hablamos en Londres, en un hotel cerca de la casa inglesa de Fuentes, en un alto de la agenda de ambos, cuando tuvieron tiempo para sentarse a hacerse aquella pregunta (¿En qué mundo vivimos?) que se puede hacer de tantas maneras y que ellos trataron de responderse con otras preguntas, pues, como dice Peter Handke en alguno de sus libros, la vida (y el hombre) sobre todo consiste de preguntas.

Cuando Fuentes dijo aquello, «¡En qué mundo vivimos!», les conté a ambos una anécdota que me gusta mucho, y que a ellos les hizo reír, y de la que hablamos otra vez al fin de esta conversación londinense sobre el sueño y la pesadilla del futuro.

Resulta que el poeta español del 27 Jorge Guillén escribió hace muchos años dos poemas, casi consecutivos, en los cuales se expresaban visiones contradictorias sobre este mundo que vivimos. En uno decía: «El mundo está bien hecho». Y en otro, escrito después, expresaba esta convicción lírica: «El mundo está mal hecho». Los dos versos eran válidos, y siguieron ahí, en sus poemas. Mucho tiempo después le pregunté al hijo del poeta, el académico Claudio Guillén, por qué su padre había llegado a conclusiones tan contradictorias en tan poco tiempo. Y entonces me dijo Claudio:

—Es que en un caso se había despertado de una buena siesta. Y en el otro poema expresaba lo que sintió después de una siesta mala.

Reímos de buena gana cuando Fuentes dijo, al escuchar la broma:

—Quizá ahora el mundo está viviendo las consecuencias de una mala siesta.

Estábamos hablando en el otoño de 2011, cuando aún los vientos de crisis (económica, política) no habían desmantelado del todo la esperanza europea de recuperación, y cuando todavía Estados Unidos estaba en condiciones de liderar una mejoría de la siesta. Pero desde entonces la crisis ha ido a peor, como si la siesta nos estuviera metiendo en una ciénaga de pesimismo insalvable. Bertolt Brecht decía que también había que cantar en los tiempos oscuros, así que ese pesimismo no tiñó la conversación de estos dos sabios, aunque ambos, de una manera o de otra, expresaron su pesar ante un mundo que tiene los espejos empañados y los mapas inencontrables. Mapas para buscar las huellas del desastre, no ya instrumentos para encontrar los tesoros.

Yo me apresté a escucharlos sabiendo que, en realidad, tenía que disponerme a escucharlos como hace un árbitro de tenis ante dos jugadores de gran clase, mirando a los lados, concentrándome más en la anotación que en la demanda. Al final le pregunté a Fuentes por su percepción acerca de lo que nos pasa. Me dijo: «Ahora no entiendo nada». Lagos dijo algo similar, pero les aseguro que desde esa duda metódica que ambos expresaron sobre la situación y el destino del mundo se llega a conclusiones muy interesantes, la más importante de las cuales tiene que ver con el origen mismo de la duda positiva, de la razonable duda que mueve al mundo: la duda que nace de saber más, de apostar más por la educación, y por tanto por la discusión, por el diálogo entre los hombres.

Una vez el poeta ecuatoriano Jorge Enrique Adoum se encontró en una pared desconchada de Quito esta inscripción: «Cuando teníamos las respuestas nos cambiaron las preguntas». Eso pasa, y así se condujeron los dos dialogantes de esta conversación que fluía (fuentes, lagos) como un torrente tranquilo, lleno de meandros y también de afluentes. Una conversación-río entre Fuentes y Lagos.

Este último, el presidente Lagos, había propuesto, como dije, una agenda de asuntos, desde «El imaginario latinoamericano de hoy», hasta «El mundo y las estrellas». A Carlos Fuentes le pareció de maravilla seguir esas indicaciones del exmandatario chileno que sigue recibiendo, según el protocolo institucional, el nombre de presidente. De vez en cuando yo mismo introduje algunas variaciones a aquel temario, como hizo el propio Carlos Fuentes, pero al final, cuando terminamos de hablar, descubrimos todos que habíamos hecho como hace el novelista en sus libros: agarrar el mundo por el pescuezo y convertir la realidad en una metáfora. Y esta metáfora es una pregunta que los dos se hicieron de distinta manera: «¿Entiendo yo el futuro?», venía a decir el novelista. Y el político exclamó: «¡A lo mejor lo que pasa es que el futuro es hoy!».

En cierto modo, ambos aludían al antecedente inmediato de esta conversación a dos. Una similar tuvo lugar en 2002 entre Felipe González, presidente socialista de España desde 1982 a 1996, y Juan Luis Cebrián, director-fundador y ahora presidente de *El País*, además de principal ejecutivo de Prisa. Aquel libro (que publicó, con mucho éxito, Aguilar) se tituló *El futuro no es lo que era*. Pues ahora puede decirse, a partir de lo que dicen Lagos y Fuentes, que el futuro es, en efecto, otra cosa, sobre todo porque no sólo nos pisa los talones sino porque en cuanto se vislumbra ya es también pasado. Y ésa es una fuente de incertidumbre o de melancolía, pero sin duda es también un reto.

Fue un honor estar con ellos; y sobre todo fue un placer escucharlos para aprender. Ahora el turno es de los lectores. En lo que pueda, yo hago en esta conversación como el árbitro de tenis. Pero de vez en cuando también tomo partido, tan sólo para avisar del cambio de tiempo entre asunto y asunto. He querido dejar titubeos, bromas, algunas de las expresiones que en un coloquio le dan salsa a la conversación; he pretendido que el lector asista, en primera fila, a una conversación verdadera, en la que la memoria (ninguno llevó un libro, ninguno de los dos consultó un papel) los condujo a pecho descubierto, buscando en lo que sabían la honesta descripción de lo que sus almas creen acerca de la época de la que son tan protagonistas.

Ah, y una nota sobre el cuestionario. Lagos se lo había enviado a Fuentes, y ambos lo habían estudiado. Debo decir que a mí, como periodista que moderó el diálogo, me vino de maravilla, pero ellos se sentaron como si se hubieran olvidado de él, como dos seres humanos, animados por el humanismo y por la cultura política, que de pronto se encuentran en un tren, además en el extranjero, y se ponen a hablar como si cayeran sobre ellos las preguntas que siempre quisieron hacerse. Y se las hacían allí, ante mí, sin recordar el papel de Lagos y sin detenerse ni un instante a decir, como pasa a veces en las conversaciones: «¿Y por dónde íbamos?». Todo el rato supieron por dónde iban, e iban con la libertad que otorgan a las personas inteligentes, la duda, la comprensión y las interrogantes.

POR DÓNDE ANDARÍAN LOS SUEÑOS
DE ESTE TIEMPO

Nos sentamos a hablar; Ricardo Lagos quiso compartir enseguida una anécdota con Fuentes. En la secuencia del diálogo tenía sentido que ambos empezaran hablando, precisamente, de la universidad y de la educación, pues a lo largo de la conversación (la transcrita y la que subyació entre ambos) fue común la obsesión por el momento educativo que vive el mundo, y sobre todo porque los dos, con 73 años Lagos y superándole en una década Fuentes, tienen la memoria suficiente como para saber que las fallas en la educación son una sombra perversa (porque ya lo fue) para el continente del que provienen.

Ricardo Lagos: Quería contarte, Carlos, antes que nada, antes incluso de que empezáramos a hablar, una anécdota de la que me acuerdo muy bien, y que quizá tiene que ver con todo lo que vendrá después. ¿Te parece?

Carlos Fuentes: Me parece muy bien, Ricardo.

Ricardo Lagos: En la Universidad de Chile hubo un rector que era un intelectual, Eugenio González se llamaba. Eugenio González fue muchas cosas, fue senador, qué sé yo… Y, además, fue rector durante cinco años, lo reeligieron y comenzó Mayo del 68 en Chile. Una vez, los decanos y el rector tuvieron que votar en el consejo universitario y Eugenio González dijo: «Señores, éste es el cuerpo que reúne la inteligencia de este país, si tenemos que votar, quiere decir que yo he fracasado porque tiene que haber un punto intermedio, y si no lo hay, es mi culpa. Ustedes me excusan, ustedes votan, pero antes de votar, yo renuncio». ¡Y renunció y se fue! Porque el consejo iba a votar, él dijo: «No, no, no puede ser esto».

Carlos Fuentes: Tiene razón... Mira, la respetabilidad de un rector de universidad es primordial. En México la perdimos, ¿sabes quién la restauró? Juan Ramón de la Fuente. Él restauró el prestigio del rector. Estuvo ocho años de rector. Y no pudieron con él. Acabó con las pandillas, acabó con el desorden y le devolvió a la universidad la respetabilidad de su autoridad, que la había perdido. Hubo un momento en el que, ordenados por el presidente, invaden la universidad y humillan al rector, Ignacio Chávez, un cardiólogo. Le humillan pero en serio, para decirle a la universidad que no se ande creyendo autónoma. «Aquí mando yo también, y mando a través de pandillas». Y eso se acabó y es un gran mérito de Juan Ramón de la Fuente, y de Eugenio González. Esto tiene que ser un rector. Porque de las universidades surge gran parte de la independencia de un país.

Ricardo Lagos: Sin duda.

Carlos Fuentes: Y la respetabilidad de sus instituciones. Si a la universidad la patean y la maltratan, va mal el país.

Pero nosotros queríamos que entraran en la materia más fascinante. ¿Por dónde van los sueños de este tiempo? Y Fuentes inició el diálogo.

Carlos Fuentes: Yo creo que no hay sueño sin pesadilla. La cabeza de un escritor funciona así: se sienta por la noche y dice: «Mañana voy a escribir, éstos son mis temas a desarrollar». Pero me duermo, me levanto, regreso a la mesa de trabajo y me sale algo muy distinto. ¿Qué intervino ahí? El sueño y la pesadilla, que son hermanos. Cosas que me dan miedo, cosas que no pueden ser, cosas que quiero, se reúnen en la página escrita del día siguiente. Es lo que hace excitante escribir. Porque no todo está previsto, ni mucho menos. Hay sorpresas que uno se da a sí mismo o se las da, precisamente, el sueño.

Ricardo Lagos: Bueno, tal vez, la actividad pública, el sueño, tienen un conjunto de elementos que son imposibles de prever. Una vez, hablando con un primer ministro francés, le dije yo: «Pero esto va a ocurrir apenas dentro de sesenta días», y me contestó: «Ricardo, por favor, sesenta días en política es un largo tiempo, puede cambiar todo». Los sueños son lo que tú imaginas que quieres poder realizar para una determinada sociedad. Ahora, hay un límite muy pequeño entre el sueño y la pesadilla, ambos son pretextos de la búsqueda de la igualdad. El intercambio entre sueños y pesadillas que tú dices está muy bien; ahora bien, las pesadillas creo que sirven para poder tener sueños que no nos obliguen a caer en la misma pesadilla.

Carlos Fuentes: Es muy posible. Recuerdo algo que dijo Zhou Enlai cuando le preguntaron, dos siglos después de haber ocurrido, por la Revolución Francesa: «Es demasiado pronto para opinar». Yo creo que la diferencia entre un mal político y un buen estadista es que el mal político actúa sobre las veinticuatro horas y el estadista no tanto; este último, como Zhou Enlai, tiene un trecho para recapacitar y maquinar, para comparar, más grande del que puede tener un «politicastro». Yo creo que tú, como presidente de Chile, has tenido sentido de la historia, y no todo el mundo lo tiene. Hay gente que se derrota a sí misma ejerciendo el poder y hay gente que se engrandece.

Ricardo Lagos: Es que si no se tiene sentido de la historia, un jefe de Estado o un presidente no va a saber hacia dónde quiere conducir el país. Estando en una visita oficial a China, el ministro de Exteriores me ofreció una larga cena. Después supe que el número de platos se refería a la importancia del invitado y ¡había muchos platos! Una vez habíamos hablado ya de todo, me dijo, sobre la situación de ese momento en la Rusia que se desmontaba: «Es verdad que este fenómeno es un pequeño retroceso de la larga marcha de Rusia desde los tiempos de Pedro el Grande para insertarse en Europa como corresponde».

Carlos Fuentes: Tiene razón, tiene razón.

Ricardo Lagos: Claro, pero lo que me llamó la atención es que ya no se remontó a la Revolución Francesa, partió de Pedro el Grande.

Carlos Fuentes: Pero fíjate que tu amigo chino tocó el tema esencial de la Revolución Comunista, que era un internacionalismo o un nacionalismo y terminó siendo un nacionalismo muy sui géneris, porque así lo decidió Stalin. Había muchas gentes de visión internacional en el gobierno soviético original, y Stalin los fue matando a todos. Luego, en la guerra con Alemania, se olvidó el internacionalismo. Uno lo ve en una película como la de *Alexander Nevsky* de Eisenstein, que es una exaltación del nacionalismo ruso.

Ricardo Lagos: Sí, claro.

Carlos Fuentes: Remonta a los caballeros teutones como era Hitler.

Ricardo Lagos: Ya no se habla de II Guerra Mundial, si no de la Gran Guerra Patriótica, y los valores más profundos de Rusia surgieron de ahí.

Carlos Fuentes: Y, sin embargo, el lado internacionalista se perdió con Stalin. Y fue una de las grandes catástrofes para el marxismo y para el comunismo.

Ricardo Lagos: Así fue. Porque, en el fondo, se sacrificó por los sueños. En aras de la igualdad, la libertad. Y si hay un sueño en América Latina es cómo combinar ambas cosas. El problema en América Latina es cómo aprovechar este momento, porque mientras estamos hablando ahora y el mundo se está derrumbando, América Latina está creciendo y se está haciendo fuerte, gracias a muchos factores, y muchos de ellos son externos. Pero es un momento excepcional, y el tema de los sueños en América Latina, a partir de la experiencia vivida en el pasado, consiste en lograr que esos sueños no terminen en pesadillas.

Carlos Fuentes: Como tantas veces ocurrió. Por errores profundos. Si hago una pequeña revisión histórica, el antiespañolismo de las guerras de independencia nos llevó a ser imitadores de las instituciones norteamericanas y francesas. Y también en la literatura, copiamos el realismo, el naturalismo, y nos olvidamos de que éramos herederos de Don Quijote. El único que lo entendió fue Machado de Assis en Brasil, que escribió una serie de novelas muy cervantinas. Nosotros no. Tuvimos que esperar al siglo XX, a Borges, a Carpentier, para reanudar la gran tradición de Cervantes que era la nuestra. Entonces, distinguir la propia tradición, no equivocarse en la propia tradición, se aplica tanto a la cultura como a la política.

Ricardo Lagos: Sin duda. ¿Por qué hemos sido durante tanto tiempo importadores de ideologías, de misiones, que llegaban de fuera? Lo que ocurre es que el ser latinoamericano como tal se ha ido construyendo por nuestros artistas, por nuestros pensadores, por nuestros intelectuales, más que por la clase política. Hay una distancia, una diferencia entre lo uno y lo otro. América Latina es conocida fuera por nuestros escritores, nuestros poetas, nuestros novelistas, nuestros pintores… ahora hasta por la cocina, que es parte de la cultura, qué duda cabe. Y ahí creo que hay un vacío muy fuerte de la clase política. Hay una tarea pendiente.

Carlos Fuentes: Ésa es una cosa muy verdadera, y es que la cultura latinoamericana tiene continuidad y la política, no. En México, el dilema sexenal durante los tiempos del PRI era que el presidente electo tenía el problema de tener que distinguirse del presidente que lo nombró, con una política distinta, lo cual implicaba una ruptura.

Ricardo Lagos: ¡Hay que matar al padre!

Carlos Fuentes: Y ahí se perdía una gran continuidad. Que es lo que hemos logrado en la cultura; si uno ve la cultura latinoamericana —no digamos ya la de los países de pasado indígena, como Perú o México, o del Caribe, de los primeros descubridores de Colón— ve esa continuidad. En los primeros descubridores se ve, sobre todo, en la literatura, por qué Colón y todos los descubridores querían ver maravillas: porque Europa les exigía maravillas. Había que ver sirenas, había que ver ballenas muy bien dotadas sexualmente, había que ver conchas más grandes, tortugas más grandes que una casa porque lo pedía la opinión europea. Si era el nuevo mundo, tenía que haber estas grandes novedades. Perdimos esa tradición, la hemos recuperado en el siglo XX. Pero de todas maneras lo que dices es cierto, la continuidad de la cultura es sorprendente en América Latina. Porque es una cultura multifacética, no es sólo multieuropea, sino que a través de España es árabe, es judía, es romana y es griega y es india y es negra y es mulata y es mestiza. No hay cultura en estos momentos más rica que la nuestra. ¿Qué hacemos con esa cultura?

Ricardo Lagos: Es esa cultura la que te da una diversidad inédita. Porque tú eres el que dijiste una vez: «Somos todos emigrantes ya, unos llegamos hace treinta mil años y no pedían pasaporte». Después los de Colón, después los del África Negra y cada uno de ellos con toda su cultura detrás. Ahora, ese imaginario latinoamericano, que está tan bien descrito, es el que en cierto modo se empieza a imponer en el mundo. Vale decir la necesidad de cómo, en este mundo globalizado, tienes que aceptar las diferencias, las raíces distintas de cada uno, sus creencias o sus religiones. Y ahí es donde yo creo que América Latina tiene una ventaja porque hemos sabido armonizar aquello. En Chile, por ejemplo, tenemos la tradición del tedeum, la acción de gracias por la independencia, y en ese tedeum llegan a dar gracias a la catedral católica los musulmanes, los mahometanos, los judíos, los protestantes, los evangélicos, llegan todos. Y todos participan. Tenemos las más grandes colonias palestinas y judías y mantienen una capacidad de entendimiento. En un par de ocasiones traté de explicárselo a George Bush en medio de la guerra y de decirle, mire, eso es posible. Y nunca comprendió. Le dije: «Si quiere hacer lo que quiere hacer en Irak debe entender que hay una forma de entendimiento entre esos dos mundos, y no tiene que parecer a favor de unos o a favor de otros». En América Latina, hemos sido capaces, por la fuerza de las circunstancias, de ir integrando estas dis-

tintas visiones y hay un movimiento fuerte de tipo indigenista en muchos de nuestros países, pero que, en el
fondo, es un movimiento donde sentimos que estamos
pagando algunos pecadillos del pasado. Porque no le
hemos dado espacio suficiente o, si tú quieres, hemos
confundido que sectores de nuestra sociedad que tienen
niveles de ingresos, de educación muy bajos coinciden
fuertemente con un pueblo indígena. Ahí, más que una
discriminación por ser indígena, hay una discriminación
contra ellos porque son más pobres. Pero en fin, el ser
latinoamericano y los sueños, para volver a la pregunta
inicial, tienen que ver con que América Latina viene un
poco de vuelta de tantas experiencias, los golpes milita-
res, los caudillos, etcétera. Tanta importación ideológica que nos llega de fuera. Si hay que ir al Consenso de
Washington, al neoliberalismo extremo, pues ahí estamos, los primeros de la clase. Y no entendemos que, en
verdad, ni tanto ni tan poco; habría que ser capaz de ir
creando un pensamiento mucho más nuestro. Y creo
que en este siglo XXI si ideásemos, lo podemos hacer
bien.

Carlos Fuentes: Yo creo que sí. Tocas un punto muy
importante, que es el del indigenismo, que me afecta
como mexicano, un país donde hay diez millones de
indígenas. Lo que pasa es que un indio mohicano no se
puede entender con un guaraní, ni el guaraní con un
araucano. Lo que sí tenemos es una cultura común que
es la de la lengua española, que hablan todos. Si el guaraní se quiere entender con el azteca tiene que hacerlo
en castellano, no puede hacerlo de otra manera. Recuerdo una manifestación, en el Quinto Centenario, de indígenas mexicanos contra Cristóbal Colón, en México, y cantaban todos: «Colón al paredón, Colón al

paredón», y les decía: «¡Pero tienen que decirlo en español!». *(Risas)*. Éste es un dato fundamental para el futuro y la unidad, que tenemos una lengua común, desde México hasta la Patagonia, sin excluir a España y cincuenta millones de hispanohablantes en los Estados Unidos de América. Eso es lo que nos da una unidad extraordinaria, a pesar de las diferencias económicas y sociales que tú acabas de señalar, porque Honduras es una cosa y Uruguay otra. Sin embargo, nos reunimos en el foro nuestro[*] y nos entendemos. Ésa es la ventaja.

Ricardo Lagos: Es lo que ocurre en la India, porque el idioma oficial en el Parlamento indio es el inglés. Y es la única forma que tienen las distintas etnias de entenderse. Y como tú bien dices, la diferencia es que aquí la lengua nos da un elemento común de extraordinaria potencia, y a ratos no nos damos cuenta. Es decir, no nos damos cuenta de la riqueza que implica desde el punto de vista de la integración de un continente tan amplio, enorme, y en donde quedan espacios por poblar inmensos, en este mundo que está tan poblado de seres en otros puntos del globo. Y por lo tanto, ahí hay un capital que a veces no sabemos entender bien. Y los amigos brasileños con su portuñol se empiezan a acercar y a comprenderlo. Por eso creo que el tema de América Latina y su capacidad de insertarse al mundo y de proyectar una imagen al mundo, en gran medida, está basado en la lengua. Y la lengua nos hace, como tú dices, entroncar con lo que viene de la península Ibérica y, en

---

[*] El Foro Iberoamericano, fundado por Jesús Polanco y Carlos Fuentes, entre otros, reúne a intelectuales, políticos, empresarios de América y de España, y se celebra anualmente en un lugar u otro del Atlántico. Fuentes y Lagos iban a participar en uno de estos encuentros, en Río de Janeiro, días después de esta conversación que mantenían en Londres.

el fondo, claro, con nuestro foro iberoamericano, y es iberoamericano porque también están Portugal y Brasil. Es parte de nuestra personalidad latinoamericana. El fenómeno de la cultura luso-brasileña está también presente.

Carlos Fuentes: Hubo una decisión muy inteligente del presidente Lula, que se dio cuenta de que sería muy remoto, por no decir imposible, que los hispanoamericanos aprendiésemos portugués. Y decidió enseñar el español en las escuelas de Brasil. Que no es ya portuñol, sino una lengua castellana bien enseñada para los brasileños. En esto algunos vieron un diseño imperial por parte del presidente Lula, pero es formidable la cantidad de brasileños que están aprendiendo a hablar el español, mientras muy pocos latinoamericanos se atreven siquiera a hablar el portugués. Mis libros se editan en una traducción en Portugal y en una traducción distinta en Brasil, ¿puedes creerlo? Eso no ocurre con el castellano. Un libro sale en Madrid, en Santiago, en México, en Buenos Aires y es el mismo. En tanto que en Brasil y Portugal tienen que hacer versiones distintas o no se entiende. Esto parece increíble. Una lengua común. ¡Van a acabar hablando español, los portugueses!

Ricardo Lagos: Lo que va a ocurrir aquí, yo creo, en tres o cuatro generaciones más, es que va a haber una lengua común en América Latina.

Carlos Fuentes: Yo creo que sí.

Ricardo Lagos: Claro, claro que sí. Y el sueño latinoamericano va a pasar a tener entonces una lengua propia.

Carlos Fuentes: Puede ser, un esperanto latinoamericano.

Ricardo Lagos: Un esperanto latinoamericano.

Carlos Fuentes: Ésta es una lengua tan formidable, tiene tanta riqueza y tradición que por algo es la segunda lengua de Occidente y puede que algún día sea la primera. Recuerdo que una de las primeras veces que fui a los Estados Unidos, a California, en los setenta, a dar una conferencia, vi las caras de los oyentes y dije: «¿Por qué no hablamos en castellano?», todos eran de origen mexicano. Silencio en la sala. Insistí y una muchacha levantó tímidamente la mano y dijo: «No hablamos español, porque es una lengua de esclavos». «La lengua de Cervantes, de Neruda, ¿ésa es la lengua de esclavos? ¿De qué me está usted hablando?». Hoy no se puede hacer una campaña presidencial en los Estados Unidos si no mascullas el español. Clinton, Bush, Obama, todos tienen que hacer discursos en español para los electores de lengua española que son, digamos grosso modo, cuarenta o cincuenta millones. Se perdió esa singularidad de la lengua inglesa en los propios Estados Unidos, en cambio, creo que muchos latinoamericanos están aprendiendo idiomas y vamos hacia un consorcio de lenguas propio de la globalización. En Europa la gente tiene que saber varias lenguas o no puede moverse de un país a otro. Un alemán tiene que saber francés, un francés tiene que saber español si quiere hacer negocios, si quiere viajar, si quiere enamorarse, qué sé yo, y yo creo que un poco eso va a pasar en América Latina, porque tenemos ya ventajas enormes que no tienen los europeos, ya sabemos hablar la lengua. Es cuestión de darnos cuenta, de tomar conciencia del poder de la lengua que tenemos, de su tradición, de sus antecedentes.

Ricardo Lagos: El tema que tocas es fundamental porque nos da una especificidad distinta. Tenemos la lengua común pero lo que no hemos tenido es la voluntad común de Europa, que es una voluntad política de integración.

Carlos Fuentes: Tienes toda la razón.

Ricardo Lagos: Y ahí tenemos un drama porque tenemos también una historia común, que parte de hace doscientos años, cuando en un momento decidimos ser independientes de la madre patria. Aunque, como dijo alguien, «no me gusta la palabra "madrastra", prefiero la palabra "mamadre"». *(Risas).*

Carlos Fuentes: Es una palabra nerudiana.

Ricardo Lagos: Claro, muy nerudiana la mamadre.

Carlos Fuentes: La madre de su tío.

Ricardo Lagos: Así es. Pero claro, lo que ocurre es que ese proceso de integración no hemos sido capaces de hacerlo, porque nos vamos a la retórica y no entendemos tan bien las diferencias formadas entre países. Nosotros, en este esfuerzo de integración, en el fondo hemos querido creer que una misma receta nos sirve a todos, pero la receta que le sirve a Brasil no es la misma que le va a servir a un pequeño país como es Uruguay. Y, por lo tanto, son realidades distintas y tendríamos que tener, para poder lograr una buena integración, una geografía variable. Y eso es lo que han hecho los europeos. Tú puedes ser miembro de la Unión Europea y no estar en el euro. Nosotros, en cambio, queremos hacer una integración sobre la base de que todos tenemos el mismo arancel externo en materia de importaciones. Es absurdo. Un país con un mercado grande, como es por ejemplo Brasil, va a defender su mercado de una manera distinta a la de un país pequeño como Chile, que va a decir, mire, yo quiero que mi mercado sea el mundo, porque el mío es muy pequeño. Para poder plantear esto tenemos la ventaja de la lengua, de la historia, pero no hemos sido capaces de dar cuenta de esta otra etapa.

Carlos Fuentes: Aquí hay que introducir otra idea, porque hemos insistido mucho a lo largo de nuestra historia política e intelectual: el tema de la unidad. Lo estamos haciendo ahora mismo porque es muy deseable pero en realidad nuestras sociedades saben quiénes son. Tú sabes que soy mexicano, yo sé que eres chileno y esto no es un problema para ti, lo fue en un momento dado, ya no lo es. En cambio, el problema que sí se plantea es la diversidad; habiendo obtenido la unidad, ¿cómo respetamos la diversidad sexual, política, literaria, de nuestros ciudadanos? Éste es el problema que se nos plantea hoy. Es un problema muy desafiante, muy importante, y que no implica el sacrificio de la unidad. Yo creo que por el camino de la diversidad nos vamos a encontrar más rápidamente con los brasileños, con los colombianos, con los mexicanos, con los chilenos, que si optamos simplemente por una unidad que ya está adquirida y que, por estar adquirida, si insistimos demasiado en ella se vuelve abstracta.

Ricardo Lagos: Claro, porque ahí lo que hay es el proceso de identificación de nuestra identidad nacional, por así decirlo. Porque en tanto éramos colonia había una administración política común desde España, y, cuando llega el momento de la independencia, todos los países nos identificamos. El siglo XIX es el gran proceso de identificación de la identidad nacional y el tema es cómo establecemos el límite entre este y aquel otro país y el tema del *uti possidetis*. En el fondo, nuestros países son un poco la expansión de la división político-administrativa que establecieron los españoles. El virreinato del Plata es Argentina, la capitanía general es Chile. Y el siglo XIX tiene esta peculiaridad, ante la independencia todos somos una gran nación. Y nos parece normal que Bolívar termine en Lima y San Martín también. Con conferencias y dificultades como la de Guayaquil. Y a partir de eso cada país tiene sus fronteras. Hubo entonces un momento de integración total para lograr la independencia en que no nos preguntábamos por la nacionalidad, entendíamos que todos éramos el ejército Libertad. Después vino la identidad nacional, que es el siglo XIX; fijación de fronteras, todos los conflictos habidos y por haber; y en el XX, ya consolidado esto, viene el tema de las identidades en el otro sentido, lo que tú estás diciendo: identidades del sexo, de la religión, la identidad que te da el lugar donde naciste, la del lugar del que vienes. Y hoy en día, Latinoamérica enfrenta esta adversidad de manera que uno no se olvida de su identidad nacional pero sabe también de una identidad por arriba que es la identidad latinoamericana, más global, porque el siglo XXI va a ser el de los grandes conglomerados. Porque o son países-continente (la China, la India) o son países que devienen en continentes. Lo estamos viendo en Europa, donde ante la crisis ahora todos dicen que se necesita más integración y no menos. Si vamos a salvar el euro, pongamos un zar para las finanzas. Se está yendo a que la región pretenda hablar con una voz. Y el problema en América Latina, para mí, es que hacía mucho tiempo que no éramos tres en un grupo de veinte. O sea, que América Latina es un 15 por ciento del mundo y, en consecuencia ¿cómo se es capaz de hablar con una sola voz y cómo con una sola voz interpretas las necesidades de todas las naciones latinoamericanas, Caribe incluido? Ésa es nuestra tarea pendiente para que el sueño latinoamericano tenga un sentido, pero sobre la base de la riqueza que es la diversidad. Y a veces nos cuesta entenderlo. Mira, me tocó ser ministro de Educación y planteé entonces que había que enseñar mapudungun.

Carlos Fuentes: ¿Qué es eso?

Ricardo Lagos: Mapudungun, la lengua de la etnia mapuche; enseñarla en aquellas escuelas donde hay mayoría de esta etnia; ahora es muy fácil dictar un decreto pero hubo que hacer programas de becas especiales porque las lenguas, en nuestro caso, no eran lenguas escritas. El mapuche no se escribe, el atacameño no se escribe, la cultura casuasa no se escribe, y el atacameño es una lengua que se terminó porque se transmitía oralmente. Y con el mapuche o el mapudungun, es lo mismo. Es cierto que los españoles ya empezaron a escribir los sonidos que vienen del mapudungun, hay libros en mapudungun, pero con nuestro sistema caligráfico. En consecuencia, para preservar la diversidad tenemos que ser capaces de mantener nuestra propia identidad nacional, y ése es un tema que se empieza a abrir paso lentamente.

Carlos Fuentes: Planteas tantas cosas importantes, Ricardo, que me atrevo a volver un poco atrás. Al momento de la independencia, porque lo que proclamó la independencia es la integración nacional. Vizcardo y Guzmán, en su gran conferencia en Londres a fines del siglo XVIII, está hablando de las naciones latinoamericanas. Molina, en Chile, habla de la historia nacional de Chile. Eso no se decía antes. Mora habla de la historia nacional de México. Y, al mismo tiempo, esta ambición nacional tiene que competir con feudos mínimos. La *republiqueta* del padre [Ildefonso] de las Muñecas en el lago Titicaca o la *minirrepública* de Facundo Quiroga en La Rioja se multiplican por todo el continente. Gente que aprovechó la independencia para establecer una base de poder extremadamente local; de manera que pasar al concepto de nación con una Constitución, con un título, ya era un adelanto enorme sobre los elementos de disgregación que inevitablemente trajo consigo el fin del imperio español. Yo creo que estamos en una situación, no similar, pero sí de exigencia muy grande, que es pasar del nacionalismo adquirido a la identidad global, mantenernos como identidades nacionales dentro de la diversidad local. Y, al mismo tiempo, con la diversidad local, mantener la diversidad de cada uno en sus países. Es un desafío, uno de los muchos que se están planteando en este momento en que estamos hablando, que es un momento de cambio llamativo, de muchas cosas que yo no entiendo. No entiendo hacia dónde va todo.

Y EL MUNDO SE HIZO GLOBAL

Del sueño fuimos a la globalización, que es la madre de todas las batallas, las del triunfo y las del fracaso. ¿Es algo nuevo? El continente americano, hijo de la migración, incluidos los pueblos originarios, decía Lagos, sabe de eso. El mundo se hizo global cuando Magallanes cruzó por el estrecho y sus barcos dieron la vuelta al mundo: es el V Centenario que se nos acerca. Globalización, sin reglas, ¿a quién beneficia? A esos asuntos, cuando los evocamos, Fuentes añadió algunas palabras que ahora son mágicas, como antes Revolución o Enciclopedia: Twitter, iPad, Internet...

Juan Cruz: Ustedes han tratado, de una manera u otra, el imaginario latinoamericano de hoy, los indígenas y el indigenismo nuevo en el continente. También han hablado del sueño, el tiempo y Latinoamérica. Quizá ahora podrían hablar de la globalización.

Carlos Fuentes: Con respecto a la globalización, tengo que decir que yo crecí en un mundo en el que no se hablaba de ella, esto no existía cuando éramos jóvenes. Se hablaba de internacionalismo. Es decir, de relaciones entre naciones. Y es muy significativo que ya prácticamente no se hable de internacionalismo, y sí de globalización, que admite a muchos otros actores más allá de la nación; lo cual nos lleva a pensar qué ha pasado con la nación-Estado en el mundo global, ¿podemos seguir hablando de Estados nacionales cerrados, como México lo fue mucho tiempo? México tenía una gran conciencia de sí mismo como país que no admitía extranjeros en las costas. País vecino de los Estados Unidos, tenía que defender su independencia y autonomía. Eso se acabó y se pasó a un mundo global en el que los actores no son sólo los Estados nacionales, sino las grandes corporaciones, los factores de inmigración, las compañías transnacionales, veinte mil cosas que han ocupado el espacio de la relación entre las naciones. Ya no sólo es una relación de Estado a Estado o de cancillería a cancillería. Eso existe, pero ahora ocupa otro rango, quizá menor, frente a la luz de protagonistas de la globalización que estamos viendo, que por algo se llama así. Yo recuerdo el momento en que se planteó la globalización y los nacionalistas mexicanos pusieron el grito en el cielo. Esto es totalmente contrario a aquello por lo que hemos luchado a lo largo de toda nuestra historia, por ser una nación independiente, es decir, cerrada, que no admite ciertas cosas. Y ahora tenemos que admitir todo, pero también tenemos que ser selectivos. Hemos pasado del nacionalismo, al internacionalismo, y de ahí, a la globalización, que es la etapa en la que nos encontramos.

Ricardo Lagos: Yo creo que lo que tenemos aquí es un paso, es un cambio epocal. Tú dices muy bien: «El derecho internacional es el derecho entre naciones». Relaciones internacionales entre naciones, es decir, habría que preguntarse cuánto tardó la nación en ser el actor internacional y transformarse en un Estado-nación. Tenemos que remontarnos al Medioevo con los señores feudales, y de ellos pasamos al Estado-nación.

Carlos Fuentes: El mundo de Westfalia.

Ricardo Lagos: Exacto. Tiene que haber un equilibrio entre naciones y cuando éste se rompe se juntan todos para restablecerlo. Uno podría decir que la última etapa de Westfalia fue la Guerra Fría entre los Estados Unidos y la Unión Soviética, y al caer el muro de Berlín ahí terminó el equilibrio. ¿Qué ocurre ahora? Que el paso de la internacionalización a la globalización es primero el producto de los nuevos cambios tecnológicos, el mundo se nos va achicando. Las fronteras no son como las conocimos. Ahora son otras. Cuando ves a un grupo de hindúes en su Silicon Valley, allá en la India, en Bangalore, trabajando para un estudio de abogados porque están redactando las notificaciones de despido que esos abogados están haciendo para una empresa en otro lugar del mundo, u otros hindúes dedicados a hacer las declaraciones de impuestos de los americanos para sus sistemas impositivos. Jamás habría pensado un hindú que su trabajo como contador consistiría en hacerle las declaraciones de impuestos a los Estados Unidos porque claro, es mucho más barato que el que lo haga allí un contador. Y eso sí que cambia el mundo. Yo les he visto trabajando de acuerdo al horario de Estados Unidos, o sea, se levantan a las ocho de la mañana hora americana y se acuestan a las diez de la noche, hora americana, porque trabajan con alguien de allí, eso es otro mundo... En esa globalización, los actores pasan a ser otros. Los Estados juegan un rol, pero y ¿los otros elementos? La intermediación que eso significa, el punto de vista económico, la globalización desde el punto de vista deportivo. Esto siempre ha existido. Los Juegos Olímpicos empezaron en 1896 en Grecia. Pero en verdad la globalización tiene que ver con una tecnología nueva, con un sistema financiero nuevo... Pero mire usted, la globalización comenzó prácticamente con el descubrimiento del Nuevo Mundo.

Carlos Fuentes: ¡Con Magallanes!

Ricardo Lagos: Con Magallanes dando la vuelta al mundo. Ahí comenzó la globalización. Pero creo que más que eso. Lo nuevo hoy en día es la inmediatez. La inmediatez es que estamos viendo en la televisión lo que pasa en cualquier lugar del mundo. Cualquier ciudadano del mundo sabe dónde estaba el 11 de septiembre de 2001. Fue un fenómeno global. Y eso creo que le plantea también un desafío a nuestro continente porque si todo se va a globalizar, si la comida rápida va a ser global, si determinados símbolos van a ser globales, como que hay McDonald's en todos los lugares del mundo, entonces creo que lo que nos da identidad en este mundo globalizado es la cultura. Porque es lo único que no cambia. Hay una influencia que va a permear también a la cultura, pero Mozart va a seguir siendo Mozart y Neruda, Neruda. Y en consecuencia, lo que uno va a tener de verdad, un Picasso o un Matta, eso es lo que les da la identidad a nuestros países. Y los actores son tan otros. El primer ataque a la potencia de los Estados Unidos en suelo americano continental vino de una secta, no de un país. Eso jamás se pudo haber soñado. Entramos a un mundo que va a ser totalmente distinto, en el que lo que nos va a quedar como propio es la cultura, aunque esté tamizada por las nuevas realidades. La cultura tiene que estar en el centro de las preocupaciones de alguien que pretende conducir un país porque ese país, a la larga, va a tener que entrar al mundo global, va a interactuar, pero va a seguir siendo lo que es en función de los valores permanentes que fue capaz de ir creando. Y esos valores permanentes son lo que llamamos en último término cultura. Por eso creo que la globalización del mundo que estamos viviendo es extraordinariamente crucial, porque surge sin reglas y la historia enseña que cuando hay una globalización sin reglas éstas las pone el más poderoso. Y ahí es donde viene la importancia de lo que decías sobre lo latinoamericano y la lengua común que nos da una identidad. Pero para participar estamos obligados a tener una capacidad de identificación propia. Nuestra cultura, lo que somos, nuestro lenguaje, nuestros héroes, nuestros mitos, nuestras religiones, todo eso pasa por un tamiz que es la identidad y que te permite participar de este planeta que va a ser cada vez más global.

Carlos Fuentes: Esto que dices me recuerda a un autor que ya nadie lee, Oswald Spengler, que en *La decadencia de Occidente* empieza a hacer una diferencia muy clara entre cultura, que es lo que permanece (Beethoven no se hace viejo, no se le reemplaza con nada, Velázquez sigue...), y civilización, que es la invención del automóvil, de nuevos métodos de construcción, los adelantos en la medicina... Todo lo que significa un progreso, un desarrollo, es parte de la civilización, y eso cambia constantemente, es su definición, el cambio. Si una civilización no cambia, perece. Pero la cultura permanece. A mí me llama la atención, como mexicano, la comida mexicana, a la cual soy muy adicto, ¡no cambia! Sigue el mole, siguen las enchiladas, siguen los tacos... Por muchos lugares que haya donde vendan hamburguesas, todo eso es secundario al hecho central de lo que comemos, de lo que cantamos, de lo que decimos... Es muy distinto hacerle el amor a una mujer en español que en inglés o en francés. Yo sólo lo puedo hacer en español, por eso sólo tengo novias mexicanas, me caso con mexicanas, porque no me salen las palabras de cariño en otra lengua. *(Risas)*. No sé si gracias o a pesar de la globalización mantenemos identidades nacionales sumamente poderosas. Yo conozco y he ido mucho a tu país, Chile, y el habla popular chilena es una de las más ricas del continente, no creo que eso vaya a cambiar, se va a seguir desarrollando. Argentina, a pesar de sus malos gobiernos, está ahí, tiene un atractivo, y así con todos. Podemos ir país por país y decir: «Tenemos estos elementos de identificación y también estos elementos de diferencia». Y hay que proteger mucho los elementos de la diferencia que nos dan gusto, placer. ¡Yo un México sin tacos no lo entendería! Y mira que estamos junto al país más poderoso del mundo y hemos invadido más a los Estados Unidos con la cocina, con las costumbres y la lengua inclusive, que ellos a nosotros, a pesar de su gran peso. Estamos hablando de cosas muy locales, de cosas nacionales, de cosas internacionales y, finalmente, de cosas globales. Y el problema que planteas es el de la juridicidad en la globalización. La globalización se ha dado como un fenómeno casi espontáneo. No lo es, es resultado de la voluntad de algunas empresas y gobiernos, pero no tiene reglas. La Organización de las Naciones Unidas no obedece al fenómeno de la globalización, obedece al antecedente de la Liga de las Naciones y a la II Guerra Mundial y las ideas de Roosevelt y Churchill. Pero ya se rebasó, la Asamblea General puede tomar una votación unánime que no tiene el menor efecto, por lo que decide el Consejo de Seguridad, que, a su vez, puede ser nulificado por la acción de tal o cual Estado. De manera que, en cierto modo, estamos viviendo una globalización anárquica o que tiene sus propias reglas, y no acabamos de conocerlas. Es un tema que me interesa mucho como mexicano, porque es parte de la globalización y, sin embargo, se habla de movimiento de capitales, de movimiento de empresas, de todo menos de un movimiento esencial que es el trabajo.

Ricardo Lagos: El ser humano.

Carlos Fuentes: El trabajo. Nosotros exportamos trabajadores a los Estados Unidos, esto no es objeto de ningún tratado, de ninguna ley. Cómo abarcar, puesto que es esencial lo que estamos diciendo, el problema humano en el tema de la globalización. Y no sólo el caso de México, ustedes tienen emigrantes en Bolivia, en Chile, hay inmigrantes rusos en China… Estos movimientos de migración suceden, son globales y no están sujetos a reglamento o ley alguna. Y, en consecuencia, se prestan a una explotación masiva del trabajo humano; de injusticia, como veo que sucede con los trabajadores mexicanos en Estados Unidos. Están allí porque no tienen protección, se les paga lo que se les quiere pagar y es mucho más de lo que ganan en México. Por eso, reglamentar el factor humano en la globalización, el trabajo, se vuelve un imperativo para poder hablar de una globalización con leyes, integral, que no sólo se deba a caprichos o necesidades de empresas o gobiernos y que excluyan el elemento humano.

Ricardo Lagos: Lo que ocurre es que la globalización ha hecho surgir un conjunto de temas que sólo se pueden abordar globalmente. ¿Qué quiero decir con esto? Hay un conjunto de temas que un país, por poderoso que sea, porque son globales no tiene capacidad de resolver. La globalización genera fenómenos como la inmigración, pero ojo, inmigrantes han existido desde que el hombre pisó la tierra. Por lo tanto, que alguien me diga ahora que va a prohibir las migraciones es un contrasentido. No puede ser que todo se movilice, capitales, recursos, materias primas, que todo se desplace por el mundo menos el ser humano. Primer punto. Y por lo tanto el tema de la inmigración debe tratarse. Lo grave es cuando se hace a escala doméstica, en cada país. Entonces la xenofobia, el odio al extranjero es enorme. Y ahí están los partidos más de derecha en todos nuestros países, que ven al extranjero con sospecha. Entonces la inmigración pasa a ser un problema de política doméstica. Primer grado de error. Tienes toda la razón cuando hablas de la Liga de las Naciones y después de Naciones Unidas y de la Carta de San Francisco... Hay un libro, cuyo título encuentro muy decisivo, más que decisivo muy indicativo, de lo que se trata: las memorias de Dean Acheson, tituladas *Present at the Creation;* cada vez que voy por los pasillos de las Naciones Unidas y surge el viejo tema de «hay que modificar el Consejo de Seguridad porque ya no es posible que cinco países tengan veto» me acuerdo de Acheson. Porque es mucho más fácil estar «present at the creation» [presente en la creación] que «present at the recreation» [presente en la recreación] *(risas)* porque en la «recreation» hay que afectar intereses que ya existen. Me recuerda a una vez que en una reunión de varios líderes progresistas salió el tema del Consejo de Seguridad. Había allí varios líderes que pertenecen a países con derecho a veto, y a uno de ellos le dije: «¿Pero tú aceptarías que, por ejemplo, se amplíe el Consejo de Seguridad y que el derecho a veto, para ser ejercido, requiera al menos de dos países y no de uno solo?». Lo pensó medio minuto y me dijo: «Por ningún motivo. Esa proposición yo la veto». *(Risas).* Porque lo que les queda a muchos de esos países es el veto, ya no tienen el poderío que tuvieron ayer. Lo que plantea las dificultades de cómo gobernar la globalización. Y qué decir de aquellos otros fenómenos que ahora nos damos cuenta de que son globales. Cuando te dicen: «Mire, señor, todos estos grandes huracanes, tormentas, tsunamis y, en buena medida, el cambio climático, están ahí. Si no somos capaces de abordarlo en un periodo de tiempo no vamos a tener cómo seguir viviendo». Si es cierto que la Tierra ha aumentado su temperatura en 1,3 grados y que lo máximo que podríamos asumir sería un aumento de unos 6 grados, los sabios se plantean en qué momento las emisiones de gas carbono van a hacer que este mundo sea irrespirable… Si eso es así, ningún país, por poderoso que sea, va a resolver el problema de las emisiones de gas carbónico, tenemos que llegar a un acuerdo. Esos acuerdos tienen que ver con una gobernabilidad de temas que se resuelven a escala planetaria, y cuando es así ¿cómo nos ponemos de acuerdo? De ahí surgen el G3, el G12, el G20… El diálogo va a ser indispensable. El drama, a mi juicio, es cómo hacer conciliable la política doméstica de estos países con las políticas que tienen que llevar a nivel internacional. Y entonces tienes a todo el mundo preocupado con lo que ocurre en el Tea Party en Estados Unidos, porque lo que ocurre allí te coloca las cosas en una manera tal que hace prácticamente imposible el rol de Estados Unidos en el mundo. Con el Tea Party se están cuestionando cosas muy elementales con un ideologismo extremo. Cuestionan lo que la ciencia ha dicho respecto al cambio climático y todavía están pensando que la Teoría de la Evolución del amigo Darwin no es cierta. Lo difícil entonces es establecer un sistema de gobernanza mundial cuando hay sectores con un ideo-

logismo extremo que dicen: «O es lo mío o no es». Eso
nos plantea un desafío de otra envergadura, inconmen-
surable.

Además creo que la globalización, desde el punto de
vista de los fenómenos financieros, se ha escapado
de las manos de los gobernantes y hoy en día mandan
los mercados financieros y no aquéllos. Yo nunca pensé
que una agencia calificadora, que actúa porque un gobierno le dio autoridad para ello, terminase diciendo:
«Usted ya no es triple A, lo rebajo». ¿En qué mundo vivimos? ¿Quién manda a quién? ¿Quién ordena? ¿Mandan los mercados y no el ser humano? Y en el mercado
sabemos que mandan un puñado muy pequeñito de
personas, lo que hace que se empiecen a trastocar valores muy profundos; y tienen toda la razón los amigos
estos que cuando escuchaban la palabrita «globalización»
se espantaban y decían: «¡No! ¿Globalización?, ¡por nada del mundo! ¡La rechazo!». La globalización está aquí
para quedarse, el problema es cómo somos capaces de
introducir una gobernanza en eso.

Carlos Fuentes: Planteas temas muy graves. Por un
lado la globalización provoca extremos antiglobalizado-
res y extremos de violencia a veces tribal, o extremadamente nacionalista, como sucede con el Tea Party en los
Estados Unidos, que acaba por secuestrar a un gran partido político, el republicano, en aras de su ideología muy
estrecha. Que creen en cosas que ya son anticuadas, que
están superadas: negar a Darwin, el creacionismo… Pero el asesino noruego de la isla de Utoya, que mató a
tantos jóvenes sólo porque le dio por ahí este verano,
era un convencido de la necesidad de acabar con los
oponentes, sobre todo si son de religiones o razas dife-
rentes. Sale a matarlos y se «escabecha», como decimos

en México, a cerca de sesenta gentes. ¡Caramba! Contradicción total con el proceso de globalización y remota identificación en el mundo, en los dos extremos, porque del otro lado tienes a los que se tiran contra las Torres Gemelas, a los discípulos de Osama Bin Laden, a la extrema izquierda religiosa, fanática, que tampoco quiere un mundo en el que las cosas corran por un camino central. Pero ese camino central no tiene ley. La gran ventaja de los extremistas de izquierda y de derecha es que la globalización no tiene una ley que distingamos; sentimos, como acabamos de decir, que son los mercados los que mandan. El Estado existe y no puede ser todo, pero sí tiene que regular mucho, y si los mercados son los que mandan, está interfiriendo en lo que el Estado debe ordenar en relación, en concurrencia, con otras partes de la sociedad. El mercado, que es una parte de la sociedad, no puede ser el todo, no puede tener los controles de la sociedad como en estos momentos sospechamos que tiene. Estamos en un momento de transfiguración de todas las coordenadas políticas, psicológicas, y aun morales, que teníamos. De ahí que haya todos estos brotes, muy llamativos, porque aunque no son idénticos unos a otros, resulta que hay gente que se vuelve contra los sistemas en todo el norte de África, en Siria, y lo hacen porque tienen Facebook, Twitter, iPhone y los gobiernos no lo saben. Mubarak no sabía que esto existía, creía que su modo tradicional de ejercer el poder era el que tenía sometidos a los egipcios. Lee el discurso de Obama en El Cairo.

Ricardo Lagos: Tremendo discurso.

Carlos Fuentes: Gran discurso que ya está ahí prometiendo lo que va a ocurrir de lejos. Pero lo ves con los indignados de España, qué quieren, de dónde vienen, qué pasa. Lo ves con los movimientos en Gran Bretaña que incluyen elementos «gansteriles», de violencia, pero también elementos de insatisfacción muy grandes, de gente que se lanza a la calle porque no tiene escuela, porque no tiene habitación, y Cameron no puede decir: «¡Todos son *hooligans!*». No es cierto. Hay un elemento ahí de insuficiencia, de ausencia social muy grande; y si sigues recorriendo el mundo y vas a Chile, a tu propio país, y uno se pregunta por qué sucede esto, tú nos lo vas a decir. Pero yo creo que lo que pasa en Chile es el prólogo de lo que va a pasar en casi toda América Latina, donde no hay un ajuste que deje contenta a la gente entre los diversos factores del bienestar y de la necesidad. Y una cosa muy interesante: mientras más satisfecha está una sociedad, más exige. Quiere más, quiere ir más allá.

Ricardo Lagos: Sin duda. Vamos a tener que llegar a eso. Tocaste un tema que es esencial. Yo a ratos pienso que estamos viviendo un momento en la historia de la humanidad como cuando se pasó del feudalismo a los Estados-nación. Porque si piensas bien, si los mercados financieros hoy día son internacionales y con un clic del ordenador trasladas miles de millones de euros, o de dólares, o de reservas de oro de quien las tenga, de un lado a otro, quiere decir que ese capital financiero es independiente de los Estados donde está. Ya no se sabe dónde está y, por lo tanto, todas las regulaciones financieras propias de un Estado dejan de tener sentido cuando los capitales no pertenecen a un Estado-nación. «Es mío pero dentro del ordenamiento del país». No señor, es mío dentro del ordenamiento del mundo, y por lo tanto se desplaza de un lugar a otro. En consecuencia, ¿quién establece las reglas? Nadie. Porque estábamos acostumbrados a vivir en un conjunto de reglas constitucionales que es el Estado-nación, es Chile, es México, es Inglaterra, es Francia... Pero ¿cuánto tiempo pasó antes de que Francia fuera Francia? Porque era un país en que el derecho a tener ejércitos, a emitir monedas, a cobrar impuestos era el del duque o conde y, de repente, llegan los señores Luises y cambia a: «Que quede claro que la moneda la acuño yo y voy a poner en ella mi hermoso perfil. Ahora yo soy el rey y usted, señor feudal, es mi vasallo». Hubo una transferencia de la soberanía para tener ejército, para acuñar monedas, para cobrar impuestos y para establecer las reglas que antes hacían los gremios de la Edad Media (el gremio de los artesanos, los carpinteros, los albañiles...), y que pasa a ser un fenómeno nacional, lo hace el Estado. Y ahora siento yo que, respecto a un conjunto de temas, el Estado —los Luises— es incapaz. Porque la capa de ozono está abriendo un gran agujero en el mundo y eso afecta a los que viven en Punta Arenas, cerca del Antártico, en Chile. Y ha habido situaciones en las que el sol tiene tanta fuerza que los niños tienen prohibido allí salir al recreo, o lo hacen con la cabeza cubierta. Como le dije una vez al presidente Bush sobre esto: «¿Adónde llamo para reclamar lo que está pasando con la capa de ozono? Porque yo, como presidente, no puedo hacer nada, ¿usted se da cuenta?». Pero éste es un tema de la humanidad. Una vez dicen que, hablando de Europa, Kissinger dijo: «¿A qué número de teléfono llamo cuando quiero hablar con Europa?». Y se quedaron con que en la guía de teléfonos no aparecía el número de teléfono de Europa. Bueno, aquí yo digo: «¿A qué número llamo?». Este fenómeno, que me está afectando a mí, no tengo a quién reclamárselo. Prohíbo los productos que erosionan la capa de ozono, mire qué fácil. Dicté el decreto y lo firmé, pero claro, nosotros debemos ser responsables del 0,001 por ciento de lo que le ocurre a la capa. Ese salto es el que no sé cómo se va a dar. Porque al final los señores Luises se impusieron por la fuerza a los señores feudales, ya sea porque hicieron pactos, porque reconocieron sus leyes, por lo que sea; y el proceso de transferencia de la soberanía de los señores feudales al rey absoluto es un proceso que tomó varios siglos. ¿Cuánto tiempo nos va a llevar a nosotros establecer un sistema para tomar decisiones en esa escala planetaria? ¿Y quién va a tener imperio para decir: esto se cumple? Muchos de nuestros países dicen que son antiglobalización, y sí señor, tienen todo el derecho. Lo único malo es que la globalización está aquí para quedarse. Una vez escuché a Mandela decir: «Mire, la globalización es como el invierno, sabemos que va a llegar, ahora preparémonos, acumulemos leña, comprémonos un abrigo, acumulemos alimentos… El ser humano, desde que existe, se ha preparado para el invierno». Bueno, ¿y cómo nos preparamos para la globalización que va a llegar? Aquí es donde me parece que lo que tú planteabas pasa a ser tan importante: que en este proceso de mundialización tenemos nuestras propias identidades. Dicho lo anterior, uno tendría que preguntarse cómo se expresan las distintas culturas en materia global. No hay más que ver lo que piensan los europeos de una manera, lo que piensa China de la otra, los hindúes no te digo, los Estados Unidos de otra manera distinta. Y el problema es que muchos siguen aferrados a querer mantener la identidad del Estado-nación como la máxima expresión de la necesidad de gobernabilidad, porque somos grupos sociales que vivimos bajo un mismo techo. El techo hasta ahora es el país, el Estado-nación, pero hay cosas que van a hacer que el techo sea el mundo. Y cuando uno se arropa con su bandera nacional para resolver estos otros temas el nacionalismo es mal consejero. Hace falta una mirada más global. Ahí es donde yo veo que está la mayor tensión en el interior de nuestros países. A ratos los extremos se dan la mano forrados en la bandera nacional porque quieren impedir que se piense globalmente sobre temas en los que hay que pensar globalmente. Como los Tea Party.

Carlos Fuentes: Es muy difícil, Ricardo, porque es como decirle a Dante: «¿Qué le parece a usted esto de la Edad Media?». Luis XIV, en una gran película de Rossellini, llamada *La toma del poder por parte de Luis XIV*, muestra una transición de civilización extraordinaria. Crea Versalles y obliga a la nobleza feudal a ir a vivir allí, donde no hay camas, donde tienen que dormir en la paja… Eso creó un orden que hemos convenido en llamar el Tratado de Versalles, y que está terminando. Lo que no sabemos es qué viene. Sabemos los elementos, los acabas de señalar, estas fuerzas que rebasan los Estados: los negocios, las corporaciones, el mercado… es un mundo anónimo, que ya está ahí, y al que no sabemos ni cómo llamar. Esto me angustia terriblemente, veo todo lo que pasa con los movimientos a favor de esto y de lo otro, el asesino de Noruega, el Tea Party, la política de Obama, que me interesa mucho porque es un hombre que está viendo lo que pasa y no puede hacer nada porque el país se le levanta. El Tea Party le monta un «merequetengue», verdaderamente, si hace lo que él realmente sabe que debe hacer. Es una de las limitaciones más tremendas al poder que he visto. Yo creo que ningún gobernante en el mundo actual se da tanta cuenta de lo que está pasando como Barack Obama. ¿Qué puede hacer? ¿Qué podemos hacer todos ante este dilema que has señalado tan bien? ¿Qué lugar tiene el Estado-nación? ¿Cómo se sujeta la ley a las conjuraciones? ¿Qué régimen legal nuevo somos capaces de crear para un mundo distinto? Como se creó el Estado-nación para acabar con el feudalismo o como se creó un orden internacional que ha sido rebasado con la ONU… ¿Qué? ¿Cómo lo nombramos? ¿Cómo lo hacemos? No lo sé, me siento muy rebasado en este momento. No sé qué puedo decir o hacer que me dé identidad, entusiasmo, propósito, camino hacia un problema que reconozco que me afecta, en el que veo muy buenas cosas, muy malas cosas también, y que no sé cómo nombrar o cómo abordar. ¿Tú tienes alguna idea?

Ricardo Lagos: Yo creo que hay que intentar, primero, tener un diagnóstico común y, a partir de ahí, ver cómo operamos. Y en ese diagnóstico común el primer punto que yo diría es que los imperios siempre han creído que son permanentes. Y la pregunta que yo me hago es (se la han hecho otros antes que yo desde siempre), si yo soy un imperio hoy, si tengo una posición tan importante, puedo plasmar de una manera mucho más significativa lo que serán las reglas de una gobernanza mundial, precisamente por lo importante que soy hoy. Pero si tengo un mínimo de inteligencia tengo que saber que no voy a seguir siendo tan importante mañana, por lo tanto, ¿cómo puedo contribuir a hacer las reglas de la gobernanza mundial con las que mañana, cuando ya no sea el número uno del mundo, quiero seguir viviendo en un mundo que me dé las posibilidades de seguir expandiéndome?

Carlos Fuentes: Como ocurre en Estados Unidos en este momento.

Ricardo Lagos: Claro. Es interesante. A comienzos del siglo XIX, el Reino Unido decía que el derecho del mar era el que él imponía…

Carlos Fuentes: La tercera parte del mundo era de ellos.

Ricardo Lagos: Y cuando nace Estados Unidos a la vida independiente, una de las primeras cosas que tiene que hacer es crear una pequeña armada, porque estaba comerciando con los países europeos que cruzaban el Mediterráneo y había, por aquel entonces, unos piratas en el norte de África y la armada de su majestad británica había dejado de darle protección; entonces, Estados Unidos tuvo que hacerse unos cuatro o cinco barquitos y mandarlos al Mediterráneo, al comercio con Europa. ¿Por qué digo esta historia? Porque en ese momento Estados Unidos era partidario de la ley de los mares, *The Law of the Seas.* Me interesa mucho esto, porque también lo practicaba Inglaterra, que estaba en los siete mares del mundo. Y hoy es la armada china la que empieza a flexionar sus músculos y dice: «Quiero esta parte, es mi coto de caza». Es decir, estamos viendo los cambios que se generan. Como me decía un amigo, que estaba muy sorprendido con que los amigos chinos hicieran una campaña a favor de que Islandia estuviera en la votación del Consejo de Seguridad de la ONU. Se ha descubierto ahora a un señor chino que está comprando no sé cuantas hectáreas para hacer un campo de golf en Islandia, que estará en un fiordo adecuado para que pueda haber barcos que recalen allí antes de cruzar el Ártico, cuando éste pase a ser, prácticamente, un coto navegable.

Carlos Fuentes: Un coto chino.

Ricardo Lagos: Un coto chino. Porque, claro, la forma por la que China accede al Ártico va a ser absolutamente distinta. A consecuencia del calentamiento global, el Ártico va a ser navegable. Y como resultado, va a haber una nueva geografía desde el punto de vista de cómo nos comunicamos a través de los mares. Toda esta larga historia para decir: ¿habrá imperios lo suficientemente inteligentes hoy para querer tener una gobernanza mundial en la que se sientan cómodos y confortables cuando ya no sean imperios?

Carlos Fuentes: No les queda más remedio que aceptar la corresponsabilidad con otros Estados y la posición de las compañías nacionales y transnacionales en ese esquema. Ningún Estado puede ser Estado imperial, Obama lo sabe; Estados Unidos, en general, no lo sabe. Continúan muy convencidos de que siguen siendo la primera potencia y lo son, pero no en el sentido que ellos creen. Obama ve más allá, ve un mundo como tú lo prevés, de intergobernabilidad entre varios Estados que van a ejercer el poder. El problema es saber cómo van a ejercer el poder en sus Estados, a través de qué métodos de cooperación, de entendimiento, de diálogo entre ellos, si es posible, cómo se va a hacer… y una vez que tengas un acuerdo entre Estados, una organización nueva, que no sea la ONU, donde no esté Japón, donde no esté Alemania, donde no estén las grandes potencias de hoy, es inverosímil, cuando tengas eso, ¿cómo tratas el problema de la economía mundial y las fuerzas que la mueven? Suponiendo que se llegue a un acuerdo del ejercicio del poder, ¿cómo se ejerce ese poder? No en contra ni a favor, sino en relación con las realidades económicas del momento, que son transnacionales. Es raro ya encontrar una forma nacional. Las compañías americanas buscan trabajo barato donde lo encuentren. Obama lo dijo recientemente, está desesperado por hacer que regresen las compañías a Estados Unidos. No van a regresar. Va a haber que crear nuevas fuentes de empleo, de producción, tecnológicas, dentro de los Estados Unidos. Pero no van a volver a hacer zapatos, porque los zapatos se hacen más baratos en Malasia. Es una revolución económica, política, social y es una revolución a la que no sabemos darle nombre todavía.

Ricardo Lagos: China e India, por ejemplo, no son países desarrollados todavía y no pueden tener las mismas responsabilidades que el país desarrollado, pero sí son países lo suficientemente grandes como para tener también que hacer esfuerzos y sacrificios. Porque unos dicen: «Usted es un país desarrollado, pero cuando usted se desarrolló no le importó hacerlo a costa del carbón y del petróleo porque no estábamos preocupados por las emisiones del gas carbono, no me vaya a obligar a mí a no tener el derecho a emitir lo que usted emitió». A lo cual el otro le va a decir: «Perdón, pero si usted se quiere desarrollar como yo lo hice, va a emitir tal cantidad de gas carbono que vamos a morir». Y el primero responderá: «Sí, pero entonces para poder desarrollarme necesito su tecnología, así que no me cobre tan caro por las patentes». En este tipo de situaciones para tener avances mínimos hay que compatibilizar las obligaciones internacionales con la realidad política local. Y aquí entra en juego el tema del liderazgo. Un líder necesita saber conducir y también saber explicar a su país. Esto es lo determinante, porque si no los nacionalismos de cada lado a la larga conseguirán que el ser humano, con toda su inteligencia, sea incapaz de seguir viviendo en este planeta porque no nos pusimos de acuerdo. Porque sabemos la causa de los problemas y sabemos cómo abordarlos. Y el drama de un sistema es que no hay gobernanza mundial si no hay quien mande, un mando, un poder, un imperio por decirlo así, porque el que haya imperio quiere decir que la ley se respeta y hay fuerza para imponerla. Porque puede sancionar. No conozco otro organismo que tenga esta facultad.

El problema con lo multilateral es que hay que ser capaces de encontrar aquellos nichos en donde podamos consensuar algo, pero también tener núcleos equivalentes en fuerza de negociación. Cuando se hizo la segunda cumbre del G20 en Londres llegaron todos los países convencidos de que íbamos a una gran depresión. Se reunieron y en media hora decidieron que el Fondo Monetario Internacional, que tenía doscientos cincuenta mil millones de capital, iba a tener setecientos cincuenta mil millones. Dijeron que los países ricos ponían doscientos cincuenta, y que el FMI, emitían derechos especiales de giro, que es una especie de moneda internacional que inventó el propio FMI, por otros doscientos cincuenta. ¡Ah! Porque ahí al FMI lo vieron como una entidad de respaldo final para ellos, los países ricos del mundo, los potentes. Y lo que no habían aceptado durante veinte o veinticinco años lo aceptaron en media hora. Porque sus intereses estaban de por medio. Estuvieron todos de acuerdo en que había que hacer esfuerzos para que el Estado invirtiera más para sacar a las economías del hoyo en el que iban cayendo. Digamos que algo parecido a la política de Roosevelt de los años treinta. Y esta política de paquetes de estímulos para que la economía resurgiera tuvo la unanimidad de todos y se expresó en esta reunión. ¿Qué pasó? Los países empezaron a salir del atolladero y en Europa se dijo: «No, no, el problema ahora es la inflación y, como va a haber inflación, tiene que haber austeridad». Y comenzaron con la austeridad: se liquidó Islandia primero, Portugal después, la Grecia de hoy día… y ahí tienes lo que tienes. ¿Y qué pasó en Toronto? Obama diciendo que necesitaba paquetes de estímulo porque se desplomaba, y Europa, con Alemania y Francia al frente, pidiendo austeridad. Es decir, las dos grandes potencias del mundo tomaron puntos divergentes y por esto estamos donde estamos. Porque Europa con las políticas de austeridad no va a salir de la crisis y los pobres griegos no pueden seguir apretándose el cinturón. En este momento, o se alcanza un consenso entre todos en la misma dirección, o aquí vamos a una segunda depresión. Éste es un muy buen ejemplo de cómo puede hacerse un ejercicio de gobernanza mundial a partir de cada realidad.

La pobreza está ahí, y de qué manera

El poder del mundo ha sido incapaz de actuar de veras contra la pobreza. Los interlocutores abordan el asunto. No es la misma de antes, considera Lagos, «pero es dura igual. La que sofoca, elimina oportunidades, reitera la desigualdad. ¿Por qué aún no podemos derrotarla? Ya no hay razón, porque recursos hay. Pero no se trata de dádivas, sino de políticas que siembren la movilidad social para siempre». Ante ellos los interlocutores tienen acaso el reto más importante de sus discusiones, pues alude a uno de los desafíos más complejos y perennes que vive el ser humano de cualquier latitud.

J. C.: La pobreza aún está ahí, no es la misma que antes pero es dura igual, dice Ricardo Lagos. ¿Por qué aún no se puede derrotar?

Carlos Fuentes: Déjenme contarles el caso mexicano. Demográficamente, México era un país de quince millones de habitantes en 1910; diez años después tenía, a causa de la revolución, trece millones. Perdimos dos millones de habitantes en la revolución, según Enrique González Pedrero, casi todos muertos en las cantinas. Y el 90 por ciento del país era analfabeto. Llegó un gran intelectual, un gran ministro de Educación, José Vasconcelos, con el presidente Álvaro Obregón, y dijo que lo primero que había que hacer era enseñar a la gente a leer y a escribir. E inició una campaña de alfabetización con maestros que iban a los campos y regresaban sin orejas, sin nariz o acababan colgados de los árboles. La resistencia a la alfabetización era gigantesca porque se suponía que un campesinado iletrado era un campesinado sumiso. Lo que quiero decir con este ejemplo es que el camino andado por un país como México es enorme; no había clase media, no había escuelas y la revolución mexicana mantuvo su legitimidad durante mucho tiempo hasta el gobierno de Díaz Ordaz, porque aunque no había democracia, había salud, había comunicaciones, había transportes, había modernización del país y un crecimiento de la clase media a partir del año 40. Si Cárdenas no hace lo que hizo, no hubiera habido la clase media que triunfó con Miguel Alemán que es más o menos, hoy en día, la mitad del país. Lo que ocurre con esta clase, y Chile es el mejor ejemplo para eso, es que esos avances tan enormes en tan poco tiempo dejan insatisfacciones igualmente grandes a las que hay que atender y que a veces son desafíos políticos. Y yo creo que es un fenómeno que se va a repetir en toda Latinoamérica, porque a medida que el continente se desarrolla y se establecen clases modernas, las exigencias van a ser mayores que cuando había un 90 por ciento de iletrados o de pobres. Entonces, partiendo de lo que acabas de decir a nivel global, ¿cómo vamos a atender en América Latina los problemas de las clases emergentes? Para nosotros es más fácil, sabemos cuáles son los problemas, sabemos lo que hay que hacer, no se ha hecho por muchos motivos, pero tenemos una idea. Por ejemplo, los gobiernos de Fernando Henrique y de Lula llegaron a un compromiso con el capital y las demandas sociales y han logrado una especie de concordato entre ellas. Y lo mismo creo que va a pasar en Chile y pienso que es lo que está pasando con Humala, de quien todo el mundo esperaba un gobierno radical. Prácticamente quedan sólo tres gobiernos radicales en América del Sur que son el de Bolivia, el de Ecuador y el de Venezuela. La función del Estado es muy importante, pero en la medida en que el Estado admite, por un lado, las demandas de las empresas y, por el otro, las demandas populares, se llega a un equilibrio. Quizá ése sea nuestro destino, Ricardo, el de ser un ejemplo para el gran problema que acabas de plantear que divide tanto a la sociedad a nivel global, pero que nosotros, localmente, podemos resolver con más facilidad.

Ricardo Lagos: Claro, claro, cuando te escuchaba me acordaba de una pequeña comuna en el sur de Chile, llamada Tirúa. Está a unos 150 kilómetros al sur de la ciudad de Concepción, pegada al mar, donde todavía queda mucha población indígena, mapuche. Como ministro de Educación, me tocó estar en Tirúa un par de veces. Se inauguró una escuela allí. Luego fui ministro de Obras Públicas y logré que el camino llegara pavimentado desde Concepción. Tirúa está a la orilla de un río y se construyó un puente sobre él y se siguió el camino hacia el sur, por la costa. También se puso luz eléctrica, agua potable… en Chile se estableció un sistema por el cual cuando en un kilómetro se puede establecer una cañería y hay quince familias que se enchufan a ella, hay que poner agua potable rural porque ya existe una cierta densidad de población. Se pone el agua pero tienen que pagar algo porque hay que subirla a un estanque, desde donde cae por gravedad, ponerle cloro, etcétera. No necesito decir que después, cuando llegó la luz, había que pagar el recibo, y claro, una vez que hubo un camino, muchos que iban dos veces al año a Tirúa ahora iban todos los meses. Había agua potable, había electricidad, había camino… No estoy seguro de si mi oponente en la elección presidencial llegó alguna vez a Tirúa, pero a mí allí todos me conocían. Yo te quería decir, Carlos, que perdí de lejos en Tirúa. *(Risas)*. En definitiva lo único que no hicimos en Tirúa fue mejorar las condiciones de ingreso de esa gente y una vez que pusimos luz, hubo que pagar por la luz, algo por el agua… cuando tuvieron un vehículo que les llevaba al pueblo, iban mucho más al pueblo, luego, cuando vieron que había algo llamado televisor y que ya podían tenerlo puesto que tenían luz, se endeudaron con la cuota a veinte meses para el televisor… es decir, la gente de Tirúa, después de veinte años entendió que la plata no les alcanzaba.

Carlos Fuentes: Y antes sí…

Ricardo Lagos: ¿Y cómo se hace esto y al mismo tiempo se mejoran las condiciones de vida? En América Latina hemos aprendido cómo reducir pobreza sobre la base de focalizar el gasto. Yo establecí la beca de retención que se ofrecía a los alumnos de enseñanza secundaria cuyas familias tenían ingresos muy bajos y que necesitaban que los hijos trabajasen. Se le daba al padre un estipendio mensual siempre y cuando el alumno continuase matriculado en la escuela. Esto nos permitió avanzar para reducir pobreza y la bajamos en veinte años de un 40 por ciento a un 11 por ciento. Pero las demandas de ese 29 por ciento son dos: primero, no quiero volver atrás; segundo, necesito mayores niveles de ingresos porque dejé atrás la pobreza y tengo otras demandas, entre ellas la educación. Cuando uno hace una reforma educacional, los frutos se van a ver en veinte años, no de inmediato, no de entrada. En América Latina yo creo que algo se ha avanzado en eso. ¿Cuál es el punto que en definitiva nos pena? Que derrotamos la pobreza pero la distribución de ingresos sigue siendo muy desigual. En Brasil es desigual, en México es desigual... en parte podemos decir que porque la educación ha sido desigual. En parte también porque los sectores más pudientes quieren defender el statu quo. Y hay dos formas de hacerlo rápidamente: focalizando el gasto, y la mayoría de los países hemos llegado a eso, y desde el punto de vista tributario, donde queda mucho por hacer. Ésa es la gran tarea pendiente. Y me atrevo a decir una segunda cosa, que además es la razón por la cual se van a producir las cosas que tú dices. Cuando tienes un ingreso por habitante, digamos de cinco mil dólares, estás obligado a crecer, y a medida que vas creciendo, van mejorando tus niveles sociales. Pero si algo está claro en las sociedades desarrolladas es que los problemas sociales están en directa relación con la distribución de ingresos y no con el ingreso per cápita. Los indicadores sociales son mejores en países como Nueva Zelanda, que tiene una renta per cápita de entre veintidós mil o veintitrés mil dólares, que en Estados Unidos, que anda por los cuarenta mil. Y si vamos a hablar de indicadores sociales, los mejores los tiene Japón, a pesar de tener menos ingresos por habitante que Estados Unidos. ¿Qué quiero decir? Que cuando se llega a un cierto nivel, no es tan importante cuánto ingreso por habitante si no cómo lo distribuyes. Yo prefiero, en distribución de ingresos, algo más homogéneo y no que unos muy pocos tienen mucho y unos muchos tienen muy poco. Estados Unidos tiene más homicidios y presos por diez mil habitantes de los que tiene Japón o los países escandinavos. Son países con distribuciones mucho más homogéneas y los problemas sociales están mucho mejor resueltos, lo que, a su vez, tiene que ver también con cómo está organizada una sociedad. Europa, por ejemplo, tiene muchos más espacios públicos y residencias más pequeñitas y Estados Unidos tiene muchas más casas grandes, con grandes áreas verdes dentro de ellas y espacios públicos mucho más reducidos. Estados Unidos tiene más autos que los europeos. Es decir, que Estados Unidos emite veintidós toneladas de carbón por persona al año, Europa alrededor de diez. Entonces la pregunta que yo haría es: ¿usted me dejará estar adonde quisiera estar, más cerca de los escandinavos o de Japón, o más cerca de Estados Unidos en cuanto a distribución de ingresos? Porque son dos modelos muy distintos. Una distribución de ingresos, al final, es esencial para la cohesión social. Yo les decía a los empresarios que sin cohesión social vamos a tener tensiones, vamos a tener protestas, vamos a tener huelgas. Los países que compiten en el mundo tienen buena cohesión social, porque si no, con tensiones sociales, los países dejan de ser competitivos. ¡No se trata de llegar a la meta de cualquier forma! Y por otra parte, cómo se explica esto, cómo se crea conciencia. Ahí yo creo que está el liderazgo, la necesidad de explicar. Y en ese sentido, Lula ejerció un tremendo liderazgo. Yo sé que a Lula no le gusta mucho que se diga que su antecesor dejó las cosas un poco encaminadas...

Carlos Fuentes: Bueno...

Ricardo Lagos: Pero la realidad es así.

Carlos Fuentes: Así fue, son dos grandes presidentes.

Ricardo Lagos: Las dos, grandes presidencias. Y algo muy importante, los presidentes deben entender, todos debemos entender en estos momentos, que la historia comienza en hombros de lo que otros presidentes hicieron.

Carlos Fuentes: Díselo a un presidente mexicano. No lo entiende.

Ricardo Lagos: Me acordaba de ti en esa frase, con lo que comentabas del «dedazo». Porque si este señor me nombró, ahora voy a demostrar que… Ahí yo creo que tenemos un terreno muy grande por el que seguir avanzando.

¿Y ADÓNDE DEMONIOS VA LA POLÍTICA?

Fuentes es un narrador nato, pero la política (también en sus libros) ocupa un primer plano en sus preocupaciones civiles y literarias. Y Lagos es un político, ha crecido en eso. Queremos saber qué futuro le aguarda a este ejercicio esencial de la democracia. Y el moderador les plantea, a partir del cuestionario que ellos habían acordado, qué es hoy ser de izquierdas. ¿Qué vigencia tiene y cuál es su oferta actual? ¿Dónde se ha equivocado y dónde deja su impronta en la historia para siempre? Y consecuentemente, ¿qué es la derecha, dónde está?

J. C.: A mí me apasionaría escucharles hablar a ustedes del porvenir de la política, el porvenir de la izquierda, qué es ser de izquierdas hoy y también qué es ser de derechas, y qué papel en ese juego de representación de nuestras propias ideas tienen los partidos políticos, qué porvenir tienen…

Carlos Fuentes: El expresidente Lagos puede hablar con mucho más conocimiento de causa, pero yo quiero hacer un pequeño panorama histórico, porque izquierda y derecha vienen de cómo estaban sentados los diputados en la asamblea francesa, unos en la izquierda y otros en la derecha. Y la alusión francesa es un buen inicio para hablar de esto, ya que es la alusión que plantea muy radicalmente las diferencias políticas, con retrocesos y con ganancias. Porque luego viene Napoleón, viene la Restauración y viene otra revolución que es importantísima, la del 48. En el 48 se manifiesta la burguesía en contra del pueblo también, no querían una democracia popular y tampoco querían a la monarquía, se plantearon un montón de temas. Es Francia, es Austria…

Ricardo Lagos: Alemania.

Carlos Fuentes: Es Alemania, es Italia… los temas que se plantean en esos momentos son rechazados por las monarquías, pero acaban por imponerse. Se habla de la sociedad, de los sindicatos, de las uniones de trabajo, del derecho al voto, de las leyes electorales, de la libertad de prensa. Toda una serie de temas extraordinarios que va planteando la izquierda y que acaban por imponerse en toda Europa a fines del siglo XIX, principios del XX, y que se convierten en el ideario de la izquierda. El derecho a organizarse popularmente, la libertad de los sindicatos, de la prensa, la representación plural en el Congreso. Todos temas que se consagran después de principios de siglo y durante los años de las guerras mundiales. Los fascismos se levantan contra este ideario, precisamente. Se ganó la guerra, ganaron estos ideales, que han sido el ideario de la izquierda. Pero ahora estamos ante una situación novedosa y es que estos ideales de la izquierda parecen insuficientes. No movilizan a una gran mayoría de gentes. Se quiere ir a otro lado y no sabemos adónde. Si uno ve las izquierdas en cualquier parte del mundo, parecen desdibujadas, derrotadas posiblemente. Ya no tienen la fuerza, el ímpetu que tuvieron en las otras épocas a las que me he referido. En México, tuvimos una izquierda cooptada por el PRI; la izquierda no logró levantar vuelo porque el PRI se apropió del ideario de la izquierda, a través de los partidos revolucionarios, el PNR, el PRM y finalmente el PRI. Por eso la izquierda siempre estuvo marginada, y sin embargo, el PRI sí lograba encarnar algunas de las aspiraciones de la izquierda. Hoy ya no tenemos al PRI, pero tenemos una izquierda muy débil, muy desdibujada y muy demagógica en la persona de lo que es Obrador. Ha habido una posible candidatura, la de Marcelo Ebrard, que es la izquierda pero con la clase media, porque la izquierda sin la clase media no sería elegible en México. Sin embargo, el perfil ideológico está muy desdibujado. No podemos ya referirnos, como no lo hizo Felipe González, al marxismo. Fue eliminado del PSOE como referencia ideológica. Qué referencias ideológicas tenemos, qué posibilidades de identidad tenemos en un mundo como el actual. Yo no las veo claras. Creo que van a venir, pero por el momento la izquierda no es la que tú y yo conocimos. Es otra cosa muy distinta. La derecha se ha apropiado de muchas de las ideas de la izquierda, las ha incorporado.

Ricardo Lagos: Y la izquierda, algunas banderas de la derecha…

Carlos Fuentes: Sí, ya no tenemos la división de partidos que teníamos hace cincuenta o cien años, de ninguna manera. Vamos a una cosa nueva. ¿Cuál es el lugar de la izquierda? Yo sé cuál es el lugar de la derecha, que ha sido más hábil que la izquierda para apropiarse del desarrollo y de la modernidad. En cambio la izquierda, en su prurito ideológico que es ser izquierda, busca identificarse y no lo logra. La derecha no necesita identificarse y conquistar terrenos. Estamos en esa situación.

Ricardo Lagos: Yo creo que has hecho una descripción muy adecuada de la evolución, partiendo de la Revolución Francesa y la Asamblea Nacional. Entiendo que el debate era si se imponía el criterio del rey sobre la Asamblea o si se imponía el consejo de la Asamblea sobre el rey. Ahí nacieron las izquierdas y las derechas. La derecha quedó como defensora del statu quo, queriendo que se impusiera el rey sobre la asamblea, y la izquierda es el cambio, pretendiendo imponer la asamblea sobre el rey.

Ahora creo que lo que la izquierda empieza a vivir son los efectos producidos por varios hechos. El primero es la caída del Muro de Berlín, que se llevó parte de la estantería que tenía la izquierda clásica. Ya mencioné antes al rector Eugenio González, que cuando hubo que votar dijo: «La gente inteligente no vota, yo me niego». Eugenio González redactó la declaración de principios del partido socialista del año 47, que después rápidamente se olvidó. Pero en esa declaración habla del marxismo, enriquecido por el devenir social, por los nuevos fenómenos y dice cosas premonitorias respecto la globalización. Y creo, en consecuencia, que un elemento que a la izquierda le complicó enormemente es que ésta surge a partir de los movimientos laborales que se hacen, por así decirlo, en la fábrica, en la industria. Y claro, a medida que se pasa de la industria a una economía de servicios, ésta la puedes terminar haciendo hoy día desde tu casa con tu ordenador, y entonces ¿cómo organizo un sindicato? Creo, sin embargo, que izquierdas y derechas tienen un hito divisorio muy claro. La derecha quiere una sociedad a imagen y semejanza del mercado porque el mercado es el amo, porque estamos en una sociedad de seres libres. Y creo que ése es un profundo error. Creo que el mercado es útil para muchas cosas, pero no para decir cómo hacer las cosas en la sociedad. Porque las desigualdades del mercado van a ser las desigualdades de la sociedad, y si algo aprendimos con la Revolución Francesa son los derechos y deberes del ciudadano. Y ciudadanos somos todos y, como tales, valemos todos lo mismo. Lo cual no quiere decir que para dar estos bienes y servicios, que los ciudadanos dicen que deben estar al alcance de todos, no se pueda recurrir al mercado. Pero el mercado en ese caso no es el amo, está al servicio de lo que deciden los ciudadanos. Democracia es, en último término, eso: la forma en que los ciudadanos piden bienes y servicios y cuáles de éstos deben estar al alcance de todos. Norberto Bobbio tiene una frase muy bonita que dice: «Todos tenemos que ser iguales en algo. Y ese algo, es el mínimo civilizatorio que la sociedad demanda a sus instituciones». Y yo agrego, lo que pasa es que ese mínimo civilizatorio va aumentando a medida que un país va creciendo económicamente.

Siempre cuento esta anécdota: cuando era presidente, fui a inaugurar un hospital; muy orgulloso, corté la cinta, hablé de lo hermoso que era el hospital, etcétera. Y cuando termina la ceremonia se me acerca un señor y me dice: «Presidente, no lo quise interrumpir, pero, ¡qué hospital nos ha entregado usted! No tiene escáner». La ventaja de ser presidente es que siempre tenemos alguien atrás. Así que miro para atrás, al ministro de Salud, y digo: «Ministro, ¿qué puede decir usted?». Y el ministro dice: «Lo que pasa, presidente, es que cincuenta kilómetros más allá, en tal ciudad, el hospital tiene escáner. Usted sabe que un escáner es caro, cincuenta kilómetros no son nada y no todas las patologías requieren escáner para determinarlas». Me pareció razonable la reacción del señor ministro y le dije al ciudadano: «¿Escuchó?». «Sí, señor, pero yo no veo por qué en mi hospital no va a haber escáner». Es decir, para este señor, el escáner, ¡formaba parte del mínimo civilizatorio de Bobbio! Era un bien que tenía que estar disponible.

Aquí tenemos una línea divisoria muy clara con la derecha porque la derecha dice que de todo esto se ocupa el mercado: «Ese señor va a un hospital donde haya escáner, pero tiene que poder pagarlo». Por eso digo que el pensamiento socialista es mucho más humanista, porque tiene que ver con la humanidad, con la dignidad del hombre. Ahora, siendo esto así, el tema es cómo establecemos los mecanismos para hacer que estos bienes y servicios estén al alcance de todos. En el pasado el socialista te habría dicho: «Pues lo hace el Estado directamente». Hoy día usted puede decir: «No necesariamente, lo puede hacer el mercado».

La izquierda ha sido a veces demasiado escrupulosa, o a lo mejor sentíamos que teníamos ciertos pecadillos porque no sabíamos gobernar. Entonces pensábamos que tener un presupuesto equilibrado era de derechas y tener un presupuesto desequilibrado era de izquierdas. Entonces, qué es ser de izquierdas y qué de derechas. La izquierda demostró que podía saber administrar pero donde yo creo que se equivocó es en tener manga ancha con las regulaciones indispensables que tiene que haber para que el mercado funcione según de los intereses de la mayoría ciudadana. No hemos escuchado con suficiente realidad lo que los ciudadanos nos quieren decir. ¡Porque hay veces que hay que intervenir en nombre del ciudadano! Y eso yo creo que es la diferencia entre un pensamiento socialista y uno de derechas, porque queremos tener una sociedad más equilibrada y en donde la dignidad del hombre pase a ser fundamental. Y a ratos se nos olvida la línea divisoria. En mi caso, cuando asumí estaba el mito de que la izquierda no sabía gobernar por la forma en que había terminado el gobierno de Allende y me pareció muy importante demostrar que se podía gobernar, pero entendiendo cuál es esa línea. En determinados momentos el gobernante está obligado a salir a explicarle a la ciudadanía lo que quiere hacer cuando ve que la derecha se está oponiendo. Tiene que ir a la calle a pelear por lo que cree y a explicar por qué lo está peleando. Un poco eso es lo que pasó en ese discurso reciente de Obama sobre la creación de empleo, ¿verdad? Tuvo que decir: «Bueno, ahora voy a pelearlo a la calle».

Carlos Fuentes: Sí...

Ricardo Lagos: No queda otra. Porque si no quiere decir que no entendemos nada, porque sólo Nicanor Parra en sus *Antipoemas* es capaz de escribir: «La derecha y la izquierda unida jamás será vencida». Con la difícil inclinación de Nicanor Parra. Ahora, ojo, quiero decir que algunos de esos estudiantes que desfilaron hace poco en Chile lo hicieron bajo un cartel que decía: «Aquí va el pueblo unido y no lo mandan los partidos». Difícil, ¿eh?

Carlos Fuentes: Bueno, en Madrid lo mismo.

J. C.: Exactamente.

Carlos Fuentes: Nada que ver con los partidos. Lo que allí plantean es que hay un problema.

Ricardo Lagos: Claro, de identidad.

Carlos Fuentes: Que mucha ciudadanía no quiere ser ni de izquierda ni de derecha, o quiere ser de una izquierda nueva, diferente a la que hemos concebido hasta ahora. ¿Y eso cómo se hace? Ahí hay un problema

Ricardo Lagos: La única forma es entender que tienes que tener tus ideas propias pero también tienes que definir al adversario. Y creo que cuando dicen que los mercados mandan y que nosotros, como gobernantes, tenemos que dar exámenes a los mercados, no estamos entendiendo bien el rol, a nosotros no nos eligieron los mercados por su poder de compra, a nosotros nos eligen los ciudadanos por nuestro poder de cambio. Y éste es el tema, porque de repente, cuando vienen estas crisis y algunos hablan de que sólo cabe hacer esto, ¡no es verdad!

Por eso quería hacer la reflexión sobre el discurso que hace Roosevelt en 1936, en la campaña de su primera reelección en Estados Unidos. Es un discurso de gran virulencia, convencido de que era necesario continuar con un paquete de activación de la economía americana como es el que él hace, la red de carreteras, las infraestructuras, la autoridad del Valle del Tennessee, todo aquello… y en donde también tuvo que enfrentar a la Corte Suprema, que tomó muchas decisiones que fueron en contra de las medidas que estaba haciendo. Pero la única forma que tuvo fue recurrir al pueblo. A ratos yo diría que los nuestros no hablan con tanta claridad y si no se habla con claridad, el pueblo se confunde. Y si entonces se dice que el mercado es todopoderoso, elijo a la derecha que es la que dice que el mercado es todopoderoso. Si el gobernante va a tener que gobernar pensando en los mercados, y no entendiendo que a ratos los mercados no pueden mandar. Sé que esto es difícil porque uno no se da cuenta que ahora los mercados le ponen calificación a un país y uno como presidente abre el diario y ve cómo cerró Wall Street ayer, cuál es el riesgo país de Chile. Tenemos que tomar en cuenta aquello pero no por ello dejar de hacer cosas distintas a las que dice el mercado.

Me gustaría hablar ahora de un tema de una importancia radical, que es la influencia de la «tecnología» en la política. Desde que Gutenberg inventó la imprenta, pasaron doscientos años, o doscientos cincuenta años, hasta que a alguien se le ocurrió la idea de sacar un periódico, precisamente en el Reino Unido; entiendo que el *Times* fue el primero que salió. Y con el diario, los temas públicos de interés general ya no sólo los despachaba el rey con su gente, sino que todo el mundo tenía acceso, todo el mundo podía saber ya de política exterior, de economía, de impuestos... Y todos podían conocer que al otro lado del Canal de la Mancha unos filósofos franceses hablaban de división de poderes, de un sistema más democrático. Y a partir de ahí las instituciones democráticas empiezan a tener una lógica; una lógica restringida, eso sí, a los que sabían leer. Hasta que llegó la radio y ya podían informarse de los temas públicos los que sabían escuchar y no leían. Entonces pareció normal decir: «Bueno, que también voten los analfabetos porque también saben de las cosas que pasan en el mundo, porque está la radio». Y qué decir de cuando llega la televisión. La política consistía en un señor que sabía mucho y transmitía brillantes ideas a través del diario o de la radio o la televisión. ¿Y qué hacía el ciudadano? Escuchaba a este señor. A veces, si estaba muy indignado, mandaba una carta al diario. Y entonces surgen los partidos políticos. Porque los que piensan como yo hacen un partido político parecido a mis ideas. Y los ciudadanos se inscriben en mi partido y los otros se inscriben en el partido del otro. El ciudadano escucha opiniones, lee opiniones, ¡tiene opiniones! Pero no las emite. Las tecnologías de hoy lo que hacen es facilitar que todos emitan opiniones y las reciban. Hay un cambio radical en cómo entendemos la política futura. El señor líder no alcanza a decir su brillante idea y ya tiene ochenta *twitts* que le dicen: «¿Usted qué se cree?» y lo ponen en su lugar. Eso no era así antes. Es entonces cuando reflexionas sobre la primavera árabe y su relación con Twitter y Facebook. Creo que la política está muy atrasada respecto de todo esto.

Carlos Fuentes: Mucho.

Ricardo Lagos: La ciudadanía tiene más poder, hay un conjunto de temas sobre los cuales se organiza específicamente. Si alguien dice: «Voy a construir un conjunto de rascacielos en Hyde Park», y surge un comprador, te puedo asegurar que la ciudadanía de Londres se va a poner en pie y no lo va a aceptar. Cuando Vicente Fox quiso hacer un nuevo aeropuerto en Ciudad de México la ciudadanía se opuso. Los partidos intentan ver ahora cómo reaccionar frente a estos nuevos movimientos ciudadanos, cómo los pueden incorporar. Eso es una tarea que tenemos pendiente, nadie tiene la receta, pero va a cambiar la forma de hacer política, no me cabe duda.

J. C.: Carlos, a mí sí me gustaría conocer, desde tu perspectiva de lo que íbamos hablando, cuál es tu posición con respecto a la política tradicional y al porvenir de los partidos políticos y la representación de los ciudadanos y la razón de por qué la gente desconfía tanto y de manera tan evidente de la política ¿Qué es lo que ha sucedido?

Carlos Fuentes: Yo creo que conviene hacer un repaso de la política en América Latina porque, como hemos dicho tantas veces, nos une la lengua, nos separa la economía a distintos niveles, y también nos separa la política, porque los sistemas y realidades son muy distintos y cambiantes. Argentina parece sellada por el peronismo. Yo conocí una Argentina muy rica, y más rica todavía después de la guerra, cuando vendía carne y leche al mundo hambriento. Y todo eso fue despilfarrado por los Perón. Pero lo que no despilfarraron fue su prestigio político. Porque si uno piensa en Argentina, piensa en peronismo. Como la gran sombrilla política del país, el radicalismo tiene muy poca fuerza. Mi amigo Alfonsín no ha podido ser presidente. Aquí hay un sello de algo que fracasó; es muy paradójico que un país esté dominado todavía por la imagen y el nombre de un fracaso que se llama peronismo. Es extraordinario. Y en consecuencia la Argentina es un país que no está a la altura de sí mismo. Yo recuerdo haber llegado a la Argentina cuando tenía quince años, y estaba deslumbrado. Preguntaba a mi papá, ¿pero dónde estamos? Esto no es Nueva York, no es México. ¿Qué es? No sabía qué era París, porque no había estado, pero la Argentina ya había alcanzado un nivel altísimo de prosperidad.

Ricardo Lagos: Si hubiera existido en ese tiempo un G7 o G6, Argentina habría estado en el G6.

Carlos Fuentes: Habría estado, porque si ves la Enciclopedia Británica del año 1910 dice: «El continente americano tiene dos grandes potencias para el siglo XX que son Estados Unidos y Argentina». Ellos se lo creían.

Ricardo Lagos: Claro…

Carlos Fuentes: Se lo creían totalmente. Había una altanería… los brasileños eran macacos, los mexicanos eran charros… era mucho desprecio hacia estos países. Eso se acabó, pero también se acabó la Argentina.

Ricardo Lagos: Yo viví unos años allí y me encontré un mapa de 1914 de la ciudad de Buenos Aires y me doy cuenta de que es exactamente el mapa de las estaciones de metro. O sea, ¡el metro en Buenos Aires en 1914 cubría toda la ciudad!

Carlos Fuentes: Era una gran capital…

Ricardo Lagos: Y desde 1914 hasta ahora ni un kilómetro nuevo. Eso refleja el drama…

Carlos Fuentes: Ya estaba hecho. Sí, el milagro es que haya subsistido la ciudad a pesar de lo que le ha pasado a la Argentina; pero sigue siendo una capital extraordinaria. Ves cosas que antes no veías, ves gente escarbando en los basureros para comer, ves limosneros. En una ciudad que era blanca en primer lugar y ahora es mestiza. Pero siempre fue una ciudad extraordinaria y la capital del tango, no hay que olvidarlo, y eso es una maravilla. Lástima que no esté Tomás Eloy Martínez para llevarnos a lugares fantásticos que él conocía, donde te das cuenta de que el tango es un baile de la clase media argentina, no es un baile de salón y de exhibición, sino que les gusta bailar a los argentinos.

Ricardo Lagos: El tango te impresiona mucho, sobre todo lo que implica el tango para el resto del mundo, ¿eh?

Carlos Fuentes: Sí.

Ricardo Lagos: Cuando llegas a Finlandia te dicen: «Ah, sí, usted se va a alojar en el Tango». Yo no entendía… Le pusieron Tango a un edificio donde alojaban a los presidentes y los mandatarios. ¡Le pusieron Tango a un hotel! El tango es la principal exportación argentina.

Carlos Fuentes: *(Risas).* Más que la carne… El tango alrededor de la I Guerra Mundial era una locura mundial. Pero, aparte de eso, es una expresión muy local porteña, muy bonaerense. Se puede conocer la historia de Buenos Aires a través del tango, lo cantan y lo recantan como los franceses París. Pero es un país, yo creo, desgraciado, muy desgraciado. En cambio Brasil… ¡qué brinco nos ha dado!

Ricardo Lagos: Notable. Esto es lo que escuchaba uno antes: «Brasil, ¡el país del futuro!». ¡Y nunca llegaba!

Carlos Fuentes: Siempre el país del futuro.

Ricardo Lagos: ¡Y nunca llegaba! ¡El país del próximo siglo!

J. C.: Eso era lo que decía Stefan Zweig.

Carlos Fuentes: Se suicidó ahí, ¿no? En 1942. Con la sensación de que cuando él murió, el Imperio austrohúngaro había terminado.

Ricardo Lagos: Pero Argentina no. Y lo que dice Carlos es muy cierto. El peronismo dejó una impronta. Cuando yo era muy joven, me tuve que ir a Argentina a un congreso de estudiantes en la Ciudad de la Plata. Lo que más me impresionó fue ver los quioscos de diarios, la procesión de periódicos y revistas. Y colgando de estos quioscos una gran cantidad de libros sobre política… Yo no lograba entender cómo este país con tantos libros sobre política, con partidos políticos formales, nunca haya tenido espacio para la izquierda. Aunque se hable, por supuesto de los famosos socialistas, de Palacios… Pero el peronismo tuvo tal fuerza que arrasó con todo aquello.

Carlos Fuentes: Es muy paradójico, la celebración de un fracaso. En México celebramos las victorias, creo que hubo una o dos, ¡pero las celebramos! Celebramos el 5 de Mayo, que es el día que derrotamos al ejército francés, que nos ganó al día siguiente. Pero de todas maneras, 5 de Mayo ya es un movimiento en los Estados Unidos. Pero la Argentina es un caso aparte. A mí me parece fascinante. Un país extraordinario, la mejor literatura de la América Latina la tienen ellos. La variedad,

Borges, Arlt, Bioy Casares, Cortázar, Bianco… Una capacidad literaria absolutamente increíble. Una enorme capacidad musical… Tiene todas estas cosas que le dan a un país personalidad y fuerza, pero no se traduce en términos políticos… En cambio Brasil, un país que tiene catorce años de buenos presidentes, es insólito en América Latina. Mira lo que venían de ser con Collor de Melo, cosas mediocres. Pero Fernando Henrique Cardoso y Lula, qué suerte para un país. Dieciséis años de buen gobierno. Quiero decir, que los gobiernos tienen algo que decir, Ricardo, ¡no está todo perdido!

Ricardo Lagos: ¡Hay algo que hacer! Si se piensa bien, los partidos políticos en América Latina han sido casi una excepción porque recién ahora emergen partidos en Brasil, por ejemplo.

Carlos Fuentes: No hay muchos partidos en Brasil…

Ricardo Lagos: Claro que no. Y luego miras en Perú, salvo el APRA que ha tenido una historia como partido…

Carlos Fuentes: Y el PRI, PRM-PRI, desde el año 29, hasta el año 2000.

Ricardo Lagos: Y Colombia, entre liberales y conservadores…

Carlos Fuentes: Perdieron la confianza en sus dos partidos.

Ricardo Lagos: Esos dos partidos la perdieron y eso es lo grave, cuando no se sabe escuchar y en esta alternancia entre dos partidos al final la ciudadanía dice: «¿Cuál es la diferencia?». Ojo con Uruguay, porque entre Colorado y Blanco, al final emergió el Frente Amplio, ¿verdad?

Carlos Fuentes: Pero lo de Venezuela es muy triste, porque les ha caído la maldición de Hugo Chávez. Porque yo creo que es una maldición.

Ricardo Lagos: Para otros es la tradición, lo que llaman «la tradición del petróleo».

Carlos Fuentes: Bueno, bueno... Hay un poeta, López Velarde, que dice de México: «El niño Dios te escrituró un establo y los veneros de petróleo, ¡el Diablo!». Venezuela es un gran país que está esperando su momento. Yo creo que Chávez es algo pasajero y que Venezuela va a volver a ser algo importante. Porque es el país de Gallegos, oye, de grandes escritores, incluso el país de Carlos Andrés Pérez; ya lo veo con nostalgia...

Ricardo Lagos: Hace poco estaba viendo unas proyecciones que decían que en América Latina, fuera de los tres países grandes —México, Brasil y Argentina—, hay dos que se van a unir a esa liga de las veinte economías del mundo: Colombia y Venezuela. Por una proyección de sus poblaciones. Pero claro, si en política hacer proyecciones a dos meses es mucho tiempo, de aquí al año 2050 pueden pasar muchas cosas.

Carlos Fuentes: Pero ¿qué crees tú que vendrá después de Chávez, Ricardo?

Ricardo Lagos: Creo que ahí va a haber un acomode de la clase política, que hasta ahora no se da. Recuerdo la última vez que estuve allí; tuve una reunión con toda la oposición. El presidente Chávez sabía que yo me iba a juntar con la oposición. Y llegué a reunirme con dieciséis personas que representaban otra cantidad similar de partidos políticos.

Carlos Fuentes: Imagínate...

Ricardo Lagos: Me dijeron algo que me impactó: «Señor, nunca nos habíamos juntado todos bajo una misma pieza, lo hemos hecho porque usted está aquí». Entonces les pregunté: «En la próxima elección, ¿se van a presentar reunidos?». «No, es que nuestra primera división es que unos quieren presentarse a esa elección y el resto no».

Carlos Fuentes: Así sucedió, no se presentaron...

Ricardo Lagos: Y pasó todo lo que pasó. Hay algo que yo no me canso de decir: los presidentes son igual que el yogur, tienen fecha de término y más vale que la cumplan, porque en eso consiste la democracia, ¿verdad? Bueno, ¡pero los partidos no! Y por lo tanto, los partidos tienen la obligación de pensar a quince años, a veinte años, a la próxima generación... Los ciudadanos no votan por lo que tú hiciste, por más que lo hayas hecho bien, porque si lo hiciste bien simplemente has cumplido. El ciudadano vota por proyectos de futuro y eso tienen que darlo los partidos, que son los que se supone que tienen la continuidad de una corriente de pensamiento. Y a veces eso no ocurre. Se aíslan de la opinión pública, de la ciudadanía, y el debate es un debate de iniciados, un debate que no conecta con el país. Ahí estamos mal.

Carlos Fuentes: Ustedes tienen partidos importantes. En Chile bajo el Frente Popular era otra cosa, y lo celebrábamos porque no había muchas democracias en América Latina. Una de ellas era Chile, la de Aguirre Cerda, y después de Pinochet han logrado reestructurar una democracia, una vida partidista en Chile.

Ricardo Lagos: Sí, claro, una vida partidista activa.

Carlos Fuentes: Activa, muy activa.

Ricardo Lagos: Sólida. Lo que ocurre es que Chile, históricamente, siempre ha tenido dos partidos por la derecha y por el centro, primero el Partido Radical, después la Democracia Cristiana; y también un par de partidos por la izquierda. Para consolidar el sistema de partidos en Chile tiene que haber una democracia que permita que los partidos compitan libremente entre sí, y no como hoy, que con el sistema electoral de los dos y dos estos cuatro partidos en la coalición tienen que comenzar por ponerse de acuerdo en cuáles van a ser los dos en esta circunscripción y cuáles en la otra; y entonces aparece una negociación un poquito hecha en una sala llena de humo, con poca luz, turbia... Antes, en cambio, era más simple, los partidos presentaban tantos candidatos como cargos a elegir, podían hacer listas conjuntas y ganaba la lista más votada y el candidato más votado. Muy fácil.

Carlos Fuentes: Sí, muy fácil.

Ricardo Lagos: Es decir, el sistema electoral tiene que ver también con la idiosincrasia de un país. Para concluir con esto, yo creo que también se mira mucho hacia fuera: republicanos, demócratas... ¿Por qué las grandes democracias son bipartidistas?

Carlos Fuentes: Francia tiene más de dos partidos.

Ricardo Lagos: Y no digamos nada de Italia. Hay que ser italiano para entender aquello... *(Risas).*

Carlos Fuentes: Pero yo creo que el caso de México es muy ejemplar y es raro. Porque la revolución mexicana degeneró en una lucha de los generales por el poder. Un gran lío hasta que [Plutarco Elías] Calles creó el partido oficial, el Partido Nacional Revolucionario, él era el jefe máximo y ponía y quitaba presidentes. Se quedó Cárdenas y puso orden. Pero ha durado desde entonces con muchos matices; era un partido muy de izquierdas al principio y acabó siendo un partido, digamos, de centro derecha, más o menos. Finalmente salió del poder gracias al espíritu democrático de Ernesto Zedillo, que decidió respetar el resultado electoral. Antes había ganado la derecha, pero no le daban el poder. Y Zedillo es muy inteligente y yo creo que se dio cuenta de que doce años iban a desacreditar al PAN como partido político *forever*, y así pasó. El PAN hoy no tiene oportunidad electoral, en cambio el PRI vuelve a tenerla.

Ricardo Lagos: Así es.

Carlos Fuentes: Y la izquierda está desmembrada. Pero hay algo en este sistema mexicano en el que la historia se refleja en el partido, porque a lo que se parece el Partido Revolucionario Institucional es a la historia de México. Ha cooptado los héroes, figuras políticas, que eran enemigos mortales. El PRI los celebra a todos, crea ceremonias a todos, pone a Zapata junto Carranza, que lo mató, junto a Obregón, que mató a Carranza, todos están en la Cámara de Diputados en letras de oro. En fin, tenemos muchos héroes y todos nos llevamos bien. Y ésta es una enorme inteligencia política de un partido único. No hay diferencias, todos somos mexicanos, todos nos queremos, aquí sólo tenemos héroes; con excepción de Victoriano Huerta, todos fueron héroes, todos fuimos héroes. Qué maravilloso atributo para un partido político, ¿no?

Ricardo Lagos: Ser dueño de todos los héroes.

Carlos Fuentes: ¡Ser dueño de todos los héroes! *(Risas).*

Ricardo Lagos: Bueno, e incluidos algunos padres de la patria, van a decir también. Lo complejo para México es que, al tener tres grandes partidos, por definición el presidente es minoritario, porque gana el más votado. O sea, se gana con un 38-40 por ciento de los votos. Y entonces el resultado es que, automáticamente, al frente tienes a los dos partidos derrotados y, en consecuencia, mayoría de oposición en el Parlamento. Y este tema de los tres tercios lo vivimos en Chile con las coaliciones respectivas de la derecha y el centro-izquierda. Uno eligió a Alessandri, el segundo a Frei, y el tercero a Allende, y así nos fue. Ahora el PRI está muy bien posicionado para las próximas elecciones.

Carlos Fuentes: Sí, con un candidato pésimo, el gobernador del Estado de México, Peña Nieto, que es un pelele de Televisa y que no tiene capacidad propia, de ninguna manera. Como aquí hablamos muy libremente, yo soy partidario de Marcelo Ebrard, que es el actual alcalde de la Ciudad de México. Creo que representa la posibilidad de votos de izquierda y de centro, que lo podrían llevar a la presidencia.

Ricardo Lagos: ¿Y había también algo respecto al presidente del Senado?

Carlos Fuentes: Si se muere el presidente o lo matan, el presidente del Senado, automáticamente, ocupa la presidencia provisional. Pero ése no va a ser el caso, creo que vamos a tener una elección muy reñida; posiblemente, si no sale bien esta elección tengo dudas sobre lo que pueda pasar en México, porque la gente está muy enojada. Sigue habiendo lo que decíamos en la conversación anterior, Ricardo, que es una minoría muy, muy rica, una clase media bastante extendida, y una clase pobre, muy pobre. Muy, muy pobre. Y un problema de emigración del trabajo enorme. Todos estos trabajadores mexicanos en Estados Unidos no sólo se van porque ofrecen mejores sueldos los americanos, si no porque en sus localidades son perseguidos o tienen injusticia o no tienen trabajo. Toda esta gente viene de estados muy pobres, como Oaxaca, y otros. De manera que si no logramos resolver los problemas del desarrollo interno del país vamos a tener un estallido de algún tipo. Están los *ninis,* que ni estudian ni trabajan, y que están a la expectativa preguntándose qué va a pasar, qué les ofrece el sistema político. Pues hay gente a la que no le ofrece nada, hemos hablado de esto antes, pero es muy difícil aliarse a un partido político en México porque nadie cree en ellos. Lo mejor que se puede ofrecer es Ebrard, pero si no tienes opciones políticas, ¿qué haces, dónde te vas, adónde te mueves? Esto es muy peligroso, hay que abrir conductos políticos, conductos partidistas nuevos en México, porque al no existir la novedad, la gente no cree en los partidos actuales. ¿Y qué va a pasar entonces? ¿Adónde se va a ir la gente?

Ricardo Lagos: De nuestras democracias y también de otros continentes, ¿eh?

Carlos Fuentes: No quiero llegar a eso todavía…

Ricardo Lagos: Pero es complejo…

Carlos Fuentes: Muy complejo, muy complejo.

Ricardo Lagos: Nuestras democracias están en peligro por eso. Y yo no quiero pensar en un continente latinoamericano que diga: «Ah, es mejor el dictador, el hombre fuerte, porque al menos resolvía problemas, aunque no tuviéramos libertad». Es la manera de pensar de mucha gente en América Latina, como tú bien sabes. Que venga el hombre fuerte.

Carlos Fuentes: El sueño del hombre fuerte.

Ricardo Lagos: Terrible, terrible.

J. C.: Que ustedes han sufrido.

Ricardo Lagos: Yo nunca pensé, cuando estudiaba, y después, cuando joven, que fuésemos a tener una dictadura.

Carlos Fuentes: Era impensable.

Ricardo Lagos: En nuestra parte del mundo era tan impensable que una vez me acuerdo de haber ido a unos cursos de verano en Uruguay, que me encantó, y en un momento dije para mí mismo: «Si llega a haber una dictadura en Chile, yo me voy a venir a Uruguay». Lo que no pensé es que ya estaba en dictadura Uruguay... *(Risas)*. Pero me da la impresión de que ahora no hay espacio para un caudillismo militar en el continente. O sea, esa lección se aprendió. Ahora, también se aprendió la segunda lección, y es que en todos nuestros países, como le gusta decir a nuestro Enrique Iglesias, hay un núcleo dirigente que sabe cómo manejar bien la economía. Sabe cuándo se están haciendo tonterías y cuándo no. Entendiendo esto como un manejo del sentido común. Y eso son elementos que ayudan a tener países un poquito mejores. Lo otro es lo que conversábamos antes, o tenemos una América Latina con un cierto grado de integración, o sucederá lo que ya está ocurriendo hoy día en ciertos foros: de facto, Brasil habla por todos nosotros. En la Unión Europea se le está dando a Brasil el estatus que se le da a China. Una vez al año hay un encuentro cumbre entre la Unión Europea y China, y en nuestro caso el acuerdo fue hacerlo con Brasil. Le dan el estatus que a India o Estados Unidos.

Carlos Fuentes: ¿Cómo crees que nos miran los brasileños a los demás?

Ricardo Lagos: El presidente que miró con mayor claridad a América Latina fue Cardoso, porque la caminó y la conocía. O sea, con el mayor respeto, cuando tienes un país de ese tamaño, tienes la sensación de que eres un continente y lo demás es, como alguien decía, el paisaje.

Carlos Fuentes: El paisaje... *(Risas)*.

Ricardo Lagos: Y ahora Brasil, tal vez producto de su situación, ha tomado un rol de liderazgo claro. Está el tema de los BRICS, de Brasil, Rusia, India, China y Sudáfrica. Si Brasil quiere liderar, tiene también que entender los procesos de integración, el más grande tiene que ayudar al resto.

Carlos Fuentes: Sí.

Ricardo Lagos: He escuchado varias veces contar a Cardoso que Kohl le habría dicho: «La responsabilidad de integración es de ustedes, del país más grande, se lo digo yo que nos ha costado muy cara la integración europea». Entonces más de una vez, en chiste, yo le decía a Cardoso: «¡Recuerda al maestro Kohl!». ¿Por qué? Porque si tú dices vamos a hacer integración y la integración es económica, está bien, Brasil defiende su mercado interno porque es tremendo. Pero Chile es un país chiquitito, tenemos poco que defender y por lo tanto preferimos decir: «Veamos cómo nos va abriéndonos al mundo y bajando aranceles».

Carlos Fuentes: Exacto.

Ricardo Lagos: Son dos formas distintas. Si la única forma de integrarse es tener aranceles externos comunes, no puede funcionar. Porque un país chico dice: «Yo me abro al mundo» y un país grande dice: «Yo defiendo mi mundo».

Carlos Fuentes: ¿Entonces qué pasa con la integración?

Ricardo Lagos: Tiene que ser geometría variable. Si usted me dice que para integrarnos tenemos que tener todos el mismo arancel… ¡de ningún modo! Porque yo tengo los aranceles muy bajos, usted los tiene más altos. Pero si me pide que sea de otro tipo, entendiendo las peculiaridades de cada uno, entonces le digo: «¡Mire Europa!». Geometría variable, unos están en el euro, otros no, unos aceptan el convenio de los pasaportes, otros no lo aceptan. Hay una voluntad política detrás. Creo que en el caso de Brasil ha habido un tremendo avance en cómo se refleja esto en los partidos políticos, lo que va a ser muy importante.

Carlos Fuentes: Hay una contradicción entre los partidos políticos y el ejercicio del poder, la presidencia. En Brasil han tenido dos presidencias de gran éxito y, en cambio, un Parlamento confeti, un poco desorganizado y entorpecedor. Quiere decir que el poder presidencial cuenta mucho en América Latina, y en todas partes, pero en América Latina, mucho.

Ricardo Lagos: El poder presidencial cuenta, a veces alguien diría, «demasiado». Claro, uno dice «demasiado» cuando no está en el poder, cuando lo está piensa que todavía es poco, ¿no? *(Risas).* Pero efectivamente, América Latina ha devenido en un continente presidencial y tal vez sea bueno que sea así.

Carlos Fuentes: No imagino un sistema inglés en ningún país de América Latina, un sistema parlamentario, no funcionaría. Ni en Estados Unidos funcionaría.

Ricardo Lagos: No funcionaría porque si hicieran los debates como en la Cámara de los Comunes ¡se matarían entre todos!

Carlos Fuentes: Se matarían, habría cuchilladas, disparos... *(Risas).*

Ricardo Lagos: Y requieren, dicho sea de paso, tanto de los gobiernos como del líder de la oposición, de un nivel de preparación de los distintos temas que están en lo público.

Carlos Fuentes: ¿Tú te imaginas a alguien en México o en Chile dirigiéndose al opositor como «distinguido caballero...»?

Ricardo Lagos: Ya... por supuesto.

Carlos Fuentes: Y aun así el presidente de la Cámara tiene que gritar: «*Order, order, order*».

¿LA CULTURA SERÁ ALGUNA VEZ UNA SOLA VOZ?

J. C.: «¿Dónde y cómo podemos influir, más allá del enorme aporte de la cultura, a crear una sola voz en América Latina?»; y luego «¿Se pondrá la política en América Latina finalmente a la altura de su cultura?». Así reza la proposición de Ricardo Lagos. ¿Qué opina Fuentes?

Carlos Fuentes: Por el momento la cultura tiene una ventaja enorme.

Ricardo Lagos: Muy grande.

Carlos Fuentes: En la vida política, enorme. Y yo no sé si en nuestras vidas vamos a ver una política que se ponga a la altura de la cultura. La cultura es lo más importante que tenemos porque tiene una gran continuidad, no ha habido interrupciones. Alguna que otra, pero tan leves que se puede hablar de una cultura continua desde los descubridores hasta nuestros días. Y es un acervo increíble, de ahí bebemos los escritores, de ese sentimiento de la tradición. A mí me choca mucho el escritor que dice: «Soy yo solo, yo empecé, o yo terminé». No, no, venimos de muy lejos, pertenecemos a una tradición, vamos a crear otra tradición, nos van a suceder y va a haber esta tensión entre tradición y creación que es esencial para crear una obra de arte. En cambio en la política, ¿quién se plantea esto? Nadie. Que yo sepa, nadie. Es el nuevo presidente y su poder, *total disregard* de la historia del país, finalmente. No incide tanto como puede incidir una tradición cultural en los escritores, la tradición política es más frágil, se ha interrumpido demasiadas veces y no crea el sentimiento de continuación de creación que es típico de la obra de arte, de la obra literaria. Cuando podamos lograr esto quizá haya un acercamiento más grande de la cultura; por el momento lo veo muy lejos, muy, muy, muy lejano.

Ricardo Lagos: Lo que la gente conoce de América Latina son los grandes creadores culturales, y la proyección hacia fuera, la imaginería de América Latina ha sido construida a partir de aquí. Tú conoces mucho más de Argentina por el tango que por las otras cosas. Es cierto también que lo permanente es siempre la cultura. ¿Quién se acuerda de quién gobernaba en la época de Bach o de Mozart? Nadie. Yo siempre digo que los presidentes, los mandatarios, son de paso. Tú no compites con un Neruda. Si hablas de los grandes hombres o mujeres del siglo XX en Chile te va a aparecer antes un Neruda o una Mistral que un presidente, por supuesto. Y eso es así y va a seguir siendo así. Lo que sí es cierto, como dice Carlos, es que no ha habido, desde el punto de vista de la política, una capacidad de creatividad, de imaginación capaz de dar proyección y continuidad.

Carlos Fuentes: A veces la hay, Cárdenas en México. Señaló una época y sigue vigente.

Ricardo Lagos: Sin duda. En Chile, en el siglo XX, tendríamos a Arturo Alessandri, porque irrumpe en la clase media y sigue la senda con el Frente Popular. Y cómo se haga de ahora en adelante va a depender mucho de cómo nuestro continente se inserte en el mundo global. Y ese proceso de inserción en el mundo global va a depender mucho también de cuál sea la dirección política futura. De qué tipo de dirigentes tengamos y de que sean capaces de hacer que América Latina tenga una sola voz para que la escuchen en el mundo.

Carlos Fuentes: Muy difícil…

Ricardo Lagos: Es muy difícil. Porque si no, esa única sola voz la va a encarnar, por razones geográficas, Brasil. Y digo geográficas porque en el caso de México que tiene un tamaño similar en producto y todo lo demás, no así en población, la cercanía con Estados Unidos lo hace más complejo.

Carlos Fuentes: Esto me duele como mexicano porque ha habido un momento en que se mencionaba a Argentina, Brasil y México. Ya Argentina está descontada y México también. Tenemos una relación hipnótica con los Estados Unidos, nadie nos considera en América Latina ni nos da demasiado crédito. Ni lo buscamos. Pero es una pena haber perdido ese valor político que significa estar aliado con otros países de nuestra estirpe. Ningún presidente reciente le ha dado importancia y me parece que es una de las tareas del futuro de América Latina, religarnos a ella. Hay una gran tarea que hacer ahí.

Ricardo Lagos: Yo, igual que tú, digo que no tenemos por qué regalar México a Estados Unidos si México, estando acá, le da un peso y un poder a América Latina. Si la naturaleza, o quien quiera que sea, nos colocó en el mismo hemisferio que Estados Unidos algo habrá que hacer para balancear aquello. Es decir, que esto de una América o dos Américas tiene mucho que ver con Latinoamérica, con Suramérica. En Suramérica hay una integración física, de infraestructura, hay mayor conectividad entre nosotros, hay una vecindad geográfica. Algo parecido a lo que fuerza a hacer México con los países de Centroamérica, ¿verdad? ¡Y las carreteras que tienen que construir! Pero desde el punto de vista de las relaciones políticas y económicas para un mundo global, América Latina tiene que ser América Latina, con México incluido y si me apuro un poquito, el Caribe también. Y luego, la negociación con el resto.

Carlos Fuentes: Ésta siempre fue la política mexicana.

Ricardo Lagos: Así es.

Carlos Fuentes: Largos tiempos, por lo menos desde la revolución mexicana. Desde el gobierno de Álvaro Obregón para acá, los cancilleres y el país en la conferencia de Río de Janeiro actuaban en una solidaridad completa con el resto de América Latina. En fin, había una sensación de que éramos parte de un mismo conjunto. Eso se fue diluyendo y perdiendo con muy poco beneficio para México. Yo creo que tenemos que reiniciar una política de acercamiento serio a la América Latina. Pesan en contra de nosotros los datos económicos: el 80 por ciento o más de nuestro comercio es con los Estados Unidos. No con Europa ni con América Latina. Hay una relación comercial y económica muy profunda. Las inversiones americanas en México, el comercio en México, la vecindad, los braceros, los emigrantes mexicanos, todo nos liga inexorablemente con los Estados Unidos, razón de más, diría yo, para tener una política de acercamiento a América Latina que lo equilibre.

Ricardo Lagos: Y razón de más también, porque se nos olvida que muchos de nuestros países tenemos un balance comercial favorable a los países del sur y por tanto, negativo para México, pero México lo puede hacer porque a su vez tiene una balanza positiva con los Estados Unidos.

Carlos Fuentes: Sí.

Ricardo Lagos: Podría decirse que los países del sur nos estamos beneficiando en nuestro comercio con México, gracias a la vecindad de México con Estados Unidos.

Carlos Fuentes: Eso es.

Ricardo Lagos: Y aquí hay un elemento de mayor virtuosismo para tener un México —usando una expresión mexicana— *jalado* hacia el sur. Que tire hacia el sur. Creo que eso nos da una visibilidad en el mundo mucho mejor. Y hago un agregado: esos temas, cuando uno mira a Iberoamérica, muchas veces son también temas de la península Ibérica. Y por eso yo siempre he pensado que si nosotros los latinoamericanos tenemos un pie puesto en Iberoamérica, a lo mejor con ese pie puesto por allá hablamos con mayor propiedad en este hemisferio frente a Estados Unidos. Y paso un aviso comercial: si ven a la península Ibérica, España y Portugal, con un pie importante en esta parte del mundo, en América Latina, a lo mejor también entonces se escucha con más atención lo que en Europa digan estos países. Digo esto porque es volver a lo que decíamos antes, a la lengua, porque en definitiva, la lengua también es un elemento que convoca unidad, que convoca valores, adiciones, tenemos una historia compartida. Porque quién conquistó a quién. La conquista de América, o tal vez América conquistó a parte de los españoles si les mandó de vuelta un conjunto de cosas. O sea, que hay una simbiosis. Y esto se debiera expresar también en términos de un mundo que si va a ser cada vez más global, no estaría mal que los que practicamos la misma lengua, tengamos también una posibilidad de ejercer esa identidad a partir de allí para defender mejor nuestros intereses a ambos lados del Atlántico.

Carlos Fuentes: Un pasaporte común iberoamericano.

J. C.: El territorio de la Mancha, de Carlos Fuentes.

¿Y POR QUÉ NO ES POSIBLE LA UTOPÍA?

J. C.: Hizo Carlos Fuentes una alusión y yo apunté: «Ilusión o política». La invocación a la utopía. Ustedes están hablando ahora de algo que parece una utopía en América Latina y que, sin embargo, se ha conseguido en Europa, que es un territorio aún más fragmentado porque todos hablan distinto. ¿Qué ha impedido que las distintas generaciones de políticos, e incluso de economistas, etcétera, hayan conseguido que utopías posibles se hayan puesto de manifiesto, se hayan logrado en América?

Carlos Fuentes: Bueno, yo apuntaba antes una cosa, y es que había un gran imperio. No éramos colonias de España, como dice muy bien Carmen Iglesias, éramos parte de una comunidad, éramos reinos junto con España. Había un momento en que se proponen tres reinos, que son México, Lima y la Nueva Granada, creo. Esto le da otra configuración al imperio español de las Américas, pero también a la reacción contra ese imperio que se manifiesta con la independencia de Bolívar, San Martín..., e inmediatamente lo que decíamos antes, «republiquetas», una tentación de fraccionarnos al extremo, de que cada provincia, casi cada ciudad, tenga independencia propia. El doctor Francia en Paraguay, el padre Ildefonso de las Muñecas, qué sé yo. Muchísima gente. De manera que entre los reinos de España y la nación se interponen las republiquetas. Había que optar por la nación y construir naciones. La pregunta es ¿hemos llegado al límite de lo que podemos hacer como naciones y debemos pensar ya como comunidad más estrecha de los países de América Latina? O todavía no. Se impone demasiado Brasil, como país más fuerte, como país único, como país excepcional. ¿Podemos hacer algo aparte los países de lengua española en tanto comunidad? Son preguntas que están en el aire, no se plantean totalmente, pero tenemos que plantearlas tarde o temprano; y yo creo que ya que hay que pasar del tema de construir la nación al tema de construir la comunidad común, como queramos llamarla. Para un mundo que no sabemos cómo va a ser pero en el que vamos a actuar. Si actuamos sólo como naciones, no vamos a tener influencia en ese mundo. ¿Adónde vamos más allá de la nación? Interrogante. No lo sé.

Ricardo Lagos: Ahí pasa a ser determinante entender que uno quiere inspirarse en ejemplos de otros. Los europeos partieron con la Comunidad Europea del Carbón y el Acero y de ahí fueron estirando, estirando hasta llegar a lo de ahora. Por eso surgió la idea de un pacto de intereses comunes a partir del cual se fue construyendo. Nuestros países, claro, están todos orientados hacia el mar, porque era la forma de comunicarse en el pasado. No tenemos comunicaciones hacia dentro.

Carlos Fuentes: Colombia, ¡qué difícil!

Ricardo Lagos: Y qué decir Perú con Brasil, la cordillera de los Andes nos separa de Argentina, etcétera. A diferencia de Europa, que está conectada internamente. La geografía ha conspirado, en el sentido de que nuestra conectividad ha sido hacia fuera, del puerto hacia fuera. Y no tenemos conectividad del puerto hacia dentro. A partir de eso, miramos a Europa. Y hemos tratado de imitarla, pero copiar las instituciones de Europa no nos va, porque no tenemos una Comunidad Común del Acero y del Carbón. Se quiso hacer una integración energética. Pero esta integración ya se hace demasiado tarde, cuando se entiende que la energía es un arma política. ¿Te has dado cuenta de que en plena Guerra Fría, nunca Jruschov o Brezhnev amenazaron con cortar el caño a Occidente?

Carlos Fuentes: Nunca.

Ricardo Lagos: ¡Nunca! Ahora no, ¡ahora se amenaza! Hubo un cambio. Antes era un arma política acceder a donde había energía. Ahora el que tiene energía obliga a hacer lo que quiere al que no la tiene. Y como resultado no ha sido posible hacer una Comunidad de la Energía, cuando sería fácil, porque Argentina usa más electricidad en verano que en invierno, por el aire acondicionado, y nosotros usamos más electricidad en invierno que en verano, por el frío que tenemos en nuestras casas. Es obvia, por lo tanto, la integración porque a ellos les sobra en invierno y a nosotros nos falta y viceversa. Pero no lo hemos logrado hacer. En primer lugar, tenemos que acostumbrarnos a hacer una integración sobre intereses comunes y el punto de partida es la política. Y podemos tener intercambios de temas laborales, intercambios de temas tributarios, intercambios de lo que sea; es decir, usemos aquellos elementos que nos permitan avanzar y no aquellos en donde tenemos intereses contrapuestos. Hubo un momento esperanzador cuando se restablecieron las democracias en el continente y se constituyó lo que se llamó Grupo Contadora para po-

der hacer la paz en Centroamérica y en el que partici-
paron los países recientemente convertidos a la democracia, léase Brasil, Uruguay, Argentina y más, Colombia.
Esto devino después en lo que se llamó Grupo de Río,
que es la instancia en la cual están desde México hasta
Chile. Ése debiera ser el núcleo del cual partir, de coor-
dinación política en el sentido serio.

Carlos Fuentes: Y ya se ha logrado, ¿verdad? Ya lo alcanzamos.

Ricardo Lagos: Por eso ahora, si tenemos tres gobernantes nuestros en el G20, por qué no reunir al Grupo
de Río para que los veinte países latinoamericanos —o
treinta y tantos si contamos el Caribe— le digamos a estos tres cuáles son nuestros puntos de vista. Porque hasta ahora, que yo sepa, los tres llegan directamente a la
próxima cumbre cada uno por su cuenta. No sé si inter-
cambian por lo menos llamadas telefónicas para saber
qué puntos van a tratar.

Carlos Fuentes: Pero no se traduce en políticas.

Ricardo Lagos: Claro, y si no se traduce en políticas,
entonces no nos van a escuchar. Y eso me parece que es
un punto de partida muy, muy prusiano. Y ahí hay un
rol de los partidos políticos. Porque hay una corporación
de partidos políticos, la COPAL, de América Latina, a
la que hay que dar mucha mayor fuerza. Ahora unos
dicen que quieren crear el Parlamento latinoamericano, otros que la moneda común, y no somos capaces de
dar los primeros pasos para una primera modesta comunidad de integración energética. Como alguien dijo
una vez, si hacemos un Parlamento latinoamericano, va
a tener muchos parlamentarios. Porque si se establece
la relación sólo en función de la población, y en Brasil
son ciento noventa millones y en Uruguay son tres y me-

dio, entonces va a tener que tener sesenta diputados Brasil y uno Uruguay.

Carlos Fuentes: Es como en el Congreso americano, ¿no? La Cámara de Representantes va al Senado, que es paritario. Pero la Cámara de Representantes es...

Ricardo Lagos: Es por población.

Carlos Fuentes: Arizona tiene poco y Nueva York tiene mucho. Tienen que optar por uno de los dos sistemas en América Latina.

Ricardo Lagos: Uno u otro, lo que han hecho los europeos, que es una mezcla. Los europeos han sido muy ingeniosos, porque en realidad, ¿Luxemburgo qué tiene que hacer al lado de Alemania? Y durante años el gran jefe de las finanzas europeas ha sido la Hacienda de Luxemburgo. Será porque como es pequeña no es amenaza para nadie.

Carlos Fuentes: Pero entre América del Sur y México hay un istmo trágico. Porque la oportunidad democrática fue interrumpida por el gobierno de Eisenhower y el fin del gobierno de Árbenz. Guatemala llevaba ya dos gobiernos democráticos y por decisión de los Estados Unidos Árbenz sale saltando. Y de ahí en adelante es la descomposición de Guatemala, de El Salvador, de Honduras y de la propia Nicaragua que tiene una revolución que se descompone, que acaba con un dictador, un dictadorzuelo más bien, que se llama Ortega (y no hablo de Costa Rica y Panamá porque son un poco distintos). Hay un elemento de descomposición, de retraso, de criminalidad; las maras vienen de El Salvador, es un criadero de criminales, son instituciones totalmente corruptas o inexistentes. Ahí existe un gran problema que nos compete a todos. ¿Qué hacemos para ayudar a América Central? Muy poco, que yo vea. Nada, quizá. Y sin embargo, es nuestra responsabilidad ayudarlos, de la misma manera como Reagan contribuyó a destruirlos, a nosotros nos compete construirlos.

Ricardo Lagos: Y, dicho sea de paso, el tema de Guatemala en Chile tuvo una gran profundidad.

Carlos Fuentes: En toda América Latina. Fue el fin de la era de la buena vecindad de Roosevelt.

Ricardo Lagos: Así es, así fue el fin. Foster Dulles como canciller de Eisenhower.

Carlos Fuentes: La llamaron la gloriosa victoria. El fin de Árbenz. La gloriosa victoria, ¿para qué?

EL SABOR DUDOSO DE LA PALABRA CUBA

J. C.: ¿Y Cuba? Es curioso que en todo lo que han hablado, en ningún momento hayan dicho la palabra Cuba.

Ricardo Lagos: Yo creo, Carlos, que tú dijiste algo antes sobre cómo se combinan los sueños. Yo creo que en la política tiene que haber siempre sueños y utopías. Pero utopías realizables.

Carlos Fuentes: Es una contradicción. *(Risas)*.

Ricardo Lagos: Es una contradicción porque la utopía es igual que la línea del horizonte. A medida que avanzas más rápido, más rápido se te va yendo el horizonte, y siempre está allí.

Carlos Fuentes: Y siempre está allí, y siempre está allí.

Ricardo Lagos: Y eso me recuerda a un conocido actor chileno, Nissim Sharim, que, cuando ya llevábamos como diez o doce años de democracia restablecida después de Pinochet, escribió un hermoso artículo en el diario que decía: «¡Basta de hechos y realidades, exijo sueños!». *(Risas)*. Y decía, yo creo, una gran verdad. Los sueños eres capaz de transformarlos hasta que se hacen realidad en el presente, pero porque los hiciste realidad en el presente, ¡ese presente hace que ahora tus sueños cambien!

Carlos Fuentes: Claro.

Ricardo Lagos: ¡Y por lo tanto tienes que interpretar los nuevos sueños para volver a hacerlos realidad en el presente! Es un continuo ir y venir entre la realización pragmática del señor que esté en el poder y de aquel otro que tiene la capacidad de soñar. Ahí está en el entronque con estos creadores. ¡Porque éstos son creadores de grandes sueños!

Carlos Fuentes: Y de algunas pesadillas, no te olvides.

Ricardo Lagos: Sí, ¡pero es la pesadilla lo que contribuye a hacer aún más hermosa la obra de arte que están construyendo! Allí es donde está, tal vez, esta amalgama, en el político, con mayúsculas, que trata de hacer realidad algunos sueños y al que se le olvida a veces, porque es muy realista, que porque los sueños los hizo realidad, ahora hay nuevos sueños que hay que satisfacer. El hombre de la cultura, el hombre de la intelectualidad, es capaz de estar pensando siempre más allá.

J. C.: Dice el presidente Lagos que haber sido testigos de todo el proceso de Cuba, de vivirlo desde el origen de la revolución hasta ahora, lleva a hablar de sus pros y sus contras. ¿Dónde se equivocaron? ¿Dónde dejaron su huella en el continente? ¿En qué medida Cuba no volverá atrás? Las futuras relaciones de Cuba y Estados Unidos, ¿por dónde debieran ir? Y yo añadiría, si me permiten, ¿y las relaciones con América Latina?

Carlos Fuentes: Mira, yo llegué a La Habana antes que Fidel Castro. Que es mucho decir. Pero el primero de enero nos embarcaron en un avión para estar en La Habana mientras Fidel Castro venía desde la Sierra Maestra por Santa Clara, recorriendo el país, ciudad por ciudad, con una paloma blanca amaestrada en el hombro. Entonces conocí a Camilo Cienfuegos, que era un hombre muy inteligente, y vi la efervescencia increíble de ese país que se sentía libre. Pero celebraba su libertad a un grado que no nos podemos imaginar. Todos los cubanos, todas las clases sociales, todo el mundo estaba en la alegría, el regocijo, los vivas a Fidel Castro… en fin, que Batista había caído, había huido con su dinero y que la revolución había triunfado. De manera que ese momento es para mí inolvidable, provocaba una adhesión increíble con Cuba, la revolución y sus dirigentes. Y la reacción de Estados Unidos inmediatamente fue en contra, sin darle oportunidad a la revolución porque desconocen, y se les escapa de las manos, el apego del Caribe, «si eran nuestros esclavos prácticamente con Batista», pensaban. Entonces había una ruptura muy clara ahí, que uno estaba con Cuba o contra Cuba, y estar con Cuba era oponerse al gobierno de Eisenhower. Muy claro todo, ¿no? Lo que pasó después lo saben muy bien ustedes, hubo un enorme esfuerzo por crear, primero, un régimen democrático, que falló; por crear una economía diversificada, que falló; volvieron a la caña de azúcar, al machete, y finalmente instalaron un régimen autoritario aliado a la Unión Soviética, con una posibilidad de defenderse de su vecino del norte. Yo me di cuenta de lo que había pasado radicalmente con la invasión de Checoslovaquia. Cuando Fidel Castro le dio la razón a la Unión Soviética en invadir Checoslovaquia. Ahí se rompió toda ilusión posible, además de lo que pasaba internamente. Yo rompí con ellos antes que nada por algo que nos pasó a Neruda y a mí, que fuimos a Nueva York a una reunión del Pen Club, cuyo presidente era Arthur Miller, quien tuvo el coraje de invitar a escritores de los países de lo que se llamaba la «Cortina de Hierro». Éstos fueron admitidos en los Estados Unidos y celebramos conversaciones muy interesantes.

Y yo escribí un artículo diciendo «esto demuestra que más allá de las prohibiciones de la Guerra Fría, por lo menos el mundo intelectual, el mundo de los escritores, se puede relacionar con ambos lados de la cortina». Neruda dijo algo similar, aunque es más radical que yo, e, inmediatamente, Fernández Retamar nos endilgó un manifiesto firmado por cien escritores cubanos, muchos de los cuales ni siquiera firmaron, como Alejo Carpentier y Lezama Lima, donde se nos llamaba traidores de la revolución porque contra los Estados Unidos había que estar en toda ocasión. No era cuestión de hacer distingos, de poner paliativos, era a favor o en contra. El que estaba a favor de los Estados Unidos, estaba contra Cuba y viceversa; y se acabó el cuento. Así de simple. Yo dije que mientras Fernández Retamar estuviera en el poder de Cuba, yo no regresaba. Hubo muchos, en el año 1967, que regresaron a Cuba, Semprún entre ellos; no se dieron cuenta de que no era posible. De manera que ahí hay un gran sueño fallido que ha repercutido sobre el futuro de las revoluciones en América Latina. Fracaso moral, fracaso político y una situación que no se sostiene por sí misma. Yo creo que con la muerte de Hugo Chávez o su desaparición, qué tiene Cuba, qué puede hacer. Lo único que puede hacer Cuba es acercarse a Obama, y Obama a Cuba, y abrir las puertas a un entendimiento diplomático, que es lo que quiere Obama, además. Y un entendimiento al que están ya adaptados no ya los exiliados, sino los hijos y nietos de los exiliados en Miami, que están dispuestos a un acomodo con Cuba. Pero a su vez, Cuba tiene que hacer unas concesiones y saber llegar a un acuerdo. Yo tengo confianza, tengo deseos, de que ese acuerdo tenga lugar para bien de todos.

Ricardo Lagos: Bueno, yo creo que, como dice Carlos, lo de la revolución cubana fue un momento mágico en América Latina. ¡En donde se concretaban los sueños de tantas cosas! Y porque lo de Batista era el estereotipo de lo que era un dictador, de lo que era un lugar en donde campaban por sus fueros los intereses de los Estados Unidos. En general en las islas del Caribe, en general en Centroamérica. La revolución cubana, en ese sentido, fue un grito de libertad enorme. Y de atraer la imaginación de tantos, ¿verdad? Yo tengo una experiencia distinta. La primera vez que estuve en La Habana, fue como secretario general de la Universidad de Chile, en una delegación de universitarios en el año 1970. Y fuimos recibidos por el comandante, gran discurso. Llegó de improviso a una recepción a las doce de la noche y estuvimos hasta las cinco o las seis de la mañana, como hacía las cosas siempre Fidel…

Carlos Fuentes: Qué agobiante…

Ricardo Lagos: Lo hacía siempre, siempre lo hacía igual. Y a partir de eso ya estaba latente el camino que llevaba. Bahía de Cochinos fue una cosa muy, muy típica. Porque el esfuerzo fallido de invasión de los Estados Unidos es lo que hace que después Castro decida que tienen que llegar los famosos misiles y, al final, el arma de resolución de aquello fue Cuba, en el sentido de que usted retira los misiles y yo le garantizo que nunca más hago Bahía de Cochinos. Vale decir: «Yo le garantizo que no me voy a meter en la isla». ¡Y que se ha cumplido!, ¿verdad? En ese momento quedó muy clara la dependencia de uno y de otro. Carlos tiene la imaginación del 68, de la Praga del 68… Ahora, muchos seguimos pensando que el asunto podía tener un buen derrotero, pero al final, claro, llega el golpe de Estado en Chile y ahí se produce la otra cara de la medalla, que es la solidaridad de Cuba con nosotros, y en consecuencia muchos de los nuestros pasan a vivir en un país socialista. Sea Cuba, sea Checoslovaquia, sea Hungría, sea Rumanía, sea Bulgaria…

Carlos Fuentes: Suecia también….

Ricardo Lagos: Y entonces se empieza a producir una constatación y una revalorización de los sistemas democráticos frente a lo que ocurría en estos países. Y era muy interesante ver cómo todos ellos empezaban a mirar a Occidente: podemos a lo mejor pasar a Suecia, podemos a lo mejor pasar a la otra Alemania. Es decir, los socialismos reales tenían una cuota de igualdad sin duda alguna, pero a costa de una libertad. Y entonces se empieza a producir en la izquierda chilena una revalorización de la libertad y de los procedimientos democráticos.

Carlos Fuentes: Qué interesante, ¿no?

Ricardo Lagos: Estuve en dos o tres reuniones del Partido Socialista de Chile, que entonces se hacía en Chantilly, a las afueras de París. Era notable porque se paraba un camarada nuestro y decía: «Nosotros los socialistas de Estocolmo pensamos…», «Y nosotros los socialistas de Milán decimos…»; la verdad es que no tenían necesidad de añadir que eran de Estocolmo o de Milán, era obvio que estaban hablando por su experiencia escandinava, porque eran puntuales para llegar a la reunión. *(Risas).* ¿Qué quiero decir con esto? El golpe de Estado significó para la diáspora chilena una forma de revalorización de los sistemas democráticos. Y esto fue muy importante.

Carlos Fuentes: Muy importante.

Ricardo Lagos: Y había también un sentido de responsabilidad. Porque me recibieron tan bien en Hungría, me recibieron tan bien en Bulgaria, me recibieron tan bien en Cuba… pero al poco tiempo yo ya quería aires de libertad. La historia de la revolución cubana para nosotros está íntimamente vinculada a la historia del golpe militar y a lo que fue la diáspora y la experiencia.

Carlos Fuentes: Eso es.

Ricardo Lagos: Algún día se va a escribir la historia de la cultura chilena del siglo XX, y siempre me pregunto, ¿qué rol va a jugar el golpe militar y la diáspora chilena en la cultura del siglo XX? Porque de repente, este país, lejano y aislado de todos, se convirtió, yo no diría en un país cosmopolita, pero sí en un país con una enorme clase dirigente de distintos estratos que terminó fuera de Chile. A partir de ahí, la forma en que se mira la revolución cubana pasa a ser un poco distinta.

Carlos Fuentes: Para nosotros fue distinto. México tenía la primacía revolucionaria en América Latina, era el país de la revolución, ya fuese la del PRI, institucionalizada y todo lo demás. Pero nosotros éramos los revolucionarios, nadie más. Teníamos el monopolio de la revolución. Nos lo quita Cuba. Ése fue un trauma terrible en México. Quedar en segundo lugar detrás de Cuba.

Ricardo Lagos: Pero que también implica que el gobernante mexicano siempre mantiene un vínculo con la isla, no obstante las exigencias que hacían los demás al norte.

Carlos Fuentes: Bueno, la OEA pidió la ruptura de relaciones, México se negó a cumplirla. Mantuvimos siempre la relación. A veces muy difícil, interrumpíamos los viajes, veíamos el equipaje de la gente que venía de Cuba, había espionajes, había muchas cosas, pero siempre había un embajador en La Habana y ellos tenían un embajador en México, todos estos años. Eso es crédito de la…

Ricardo Lagos: De la revolución.

Carlos Fuentes: De la diplomacia mexicana, que no es lo mismo que la revolución.

Ricardo Lagos: ¡Pero estaba inspirado en la revolución! *(Risas).*

Carlos Fuentes: Bueno…

Ricardo Lagos: ¡Cómo iban a romper relaciones con la otra revolución!

Carlos Fuentes: No, no, no, imposible. Pero la diplomacia mexicana es más vieja que la revolución mexicana. Porfirio Díaz…

Ricardo Lagos: Sí, claro.

Carlos Fuentes: La practicó. Cuando los gringos se volvieron muy arrogantes con Díaz, don Porfirio buscó la inversión inglesa inmediatamente para los ferrocarriles, etcétera. Se enojaron con él los gringos y llegaron a tumbarlo. Nuestra relación con los Estados Unidos es conflictiva y nuestra diplomacia trata de ir más allá de los conflictos para crear una línea de adhesión a la ley, que ha sido el principio de la diplomacia mexicana. Ésta es la ley, la ley se cumple, y ésta es nuestra mayor defensa. Jorge Castañeda ahí puede decir: «Esto se hacía de bocas para afuera, pero por dentro éramos autoritarios, ¡éramos hijos de la chingada!, pero hacia fuera éramos defensores de la legalidad». *(Risas).* Está bien, ¡qué bueno, qué bueno que lo fuimos! Como además es el caso de Chile y muchos más.

Ricardo Lagos: Claro, pero es que en el caso nuestro, hay que pensar que la diáspora no fue sólo de la élite dirigente.

Carlos Fuentes: No.

Ricardo Lagos: Uno de nuestros dirigentes sindicales terminó de dirigente sindical en los Estados Unidos. Lo

primero que le dijeron fue: «Léete este balance, por favor».
Jamás un dirigente sindical chileno se había leído un
balance, y los americanos le dicen: «Y si no sabe el balance de la empresa, ¿cómo quiere hacer las peticio-
nes?». Te das cuenta de que es otra forma de entender
el mundo.

J. C.: La pregunta que yo quería hacerles a ustedes
es —evidentemente seguimos hablando de Cuba, de lo
que estaban hablando—, pero ¿qué consecuencias sen-
timentales tuvieron para ambos los desengaños que produjo la revolución cubana para la generación a la que
pertenecen?

Carlos Fuentes: Yo, como soy mexicano, he estado
desengañado de la revolución mexicana, y no me sor-
prendí. Evidentemente, al principio, toda revolución
provoca entusiasmo, pero deja que la revolución cumpla
diez o veinte años y ya no produce tanto entusiasmo. La
revolución norteamericana fue una revolución mundial,
acabó en The Daughters of the American Revolution
(DAR), una organización ultrarreaccionaria de viejitas
malas. De manera que no sabes cuál es el destino de una
revolución que se celebra. Por qué celebra Francia el 14 de
julio, por qué celebra Estados Unidos el 4 de julio cuando ya no son países revolucionarios… Lo importante es
haber asistido al nacimiento, a la efervescencia, al entusiasmo, a la promesa de una revolución y mantener viva
esa promesa aunque la revolución misma acabe por ne-
garla. No importa. Hay promesas de la revolución mexicana, el zapatismo por ejemplo, muchas promesas, digo,
que no se cumplieron inmediatamente pero que a la
postre fueron recogidas para convertirse en realidad actual. A mí me parece muy importante. Nuestra relación
con la historia en el término de nuestras vidas.

Ricardo Lagos: Bueno, y volvemos al tema de los sueños. Es un desencanto, es una pena, porque lo que tú viste que era posible, no lo fue. Me tocó simplemente, por razones del cargo que desempeñaba en Naciones Unidas, entrar a Managua unos diez días después del triunfo de la revolución. Y estaba allí cuando se hizo la entrada formal del ejército revolucionario a Managua. Y ver después cómo evoluciona aquello te produce una gran tristeza. Ahora recuerdo esto porque cuando en 1971 fue Castro a Chile y permaneció un mes, a mí me pareció algo extraño. Yo era parte y, con mucho orgullo y honor, de Salvador Allende, así que no iba a hacer una cosa crítica respecto de él. Pero el que estuviera allí un mes hace pensar que aquello no iba por el camino correcto. Primero, por el solo hecho de que no puedes ausentarte un mes de tu país y segundo, porque fue visto como una suerte de intromisión.

Carlos Fuentes: Y te alineaba a Chile en el campo de Cuba. Con Cuba como jefe.

Ricardo Lagos: Y eso en realidad no era así, porque si de algo estábamos orgullosos, como lo dijo el propio Allende, era de ser el primer experimento en el que el socialismo llegaba por la vía de las urnas. Desde ese punto de vista era un ejemplo. Estados Unidos no podía aceptarlo, claro. Por lo tanto, hay una cierta ambivalencia. Por una parte darse cuenta de que lo que está ocurriendo no es lo adecuado, y por la otra, reconocer el carácter que tenía 1973. Después esto es inescapable. Y creo que eso produce un cierto dolor. Este tema lo he conversado mucho con dirigentes del PSOE de la primera época, con Felipe, con Narcís Serra, con Javier Solana. El rol que han jugado los amigos españoles con Cuba, tratando de buscar modalidades y formas de poder tener una transición a la democracia y que no sea una negación de todo. Pero efectivamente, yo creo que hoy, de facto, el apoyo económico que daba la Unión Soviética lo está dando Venezuela.

Carlos Fuentes: Pero pronto no.

Ricardo Lagos: Claro, Venezuela, ¿cuánto tiempo más puede seguir así? La pregunta que uno se hace es: ¿cómo se hace la transición en Cuba de manera que sea una buena transición, manteniendo los tremendos avances sociales que han logrado y que no sea un «arrasar con todo»? Porque entonces las cosas serían mucho más difíciles.

Carlos Fuentes: Ojalá esto suceda en tiempos de Obama.

Ricardo Lagos: Lo de Obama es muy importante.

Carlos Fuentes: Incluso respetando algunas modalidades del sistema totalitario cubano.

Ricardo Lagos: Así es.

Carlos Fuentes: Pero tratar de darle la razón a los exiliados que se murieron hace veinte años no es buen camino. Los jóvenes exiliados no están de acuerdo tampoco. Depende mucho de que la política que sigan los americanos no sea vista como una intromisión indebida por los cubanos, sino como una forma normal, diplomática, de tener relaciones.

Ricardo Lagos: Claro, claro.

Carlos Fuentes: Depende mucho de ellos y con Obama se puede lograr. Con Bush no, de ninguna manera.

¿Y QUÉ REPRESENTA ESPAÑA AHORA EN EL MUNDO QUE SE DESPIERTA (MAL) DE LA SIESTA?

J. C.: Ustedes han tratado lateralmente de España en algunos momentos. Pero ¿qué papel debiera desempeñar en relación con América Latina, qué sitio le depara el mundo hoy a nuestro propio país? Antes hubo un reproche, bastante explícito, a que España quizá no se diera cuenta de la importancia que tiene Iberoamérica para su propio desarrollo, en función de la lengua, la cultura y las ligazones políticas que siempre hubo. ¿Cómo ven ustedes, desde sus distintas perspectivas, intelectuales y políticas, la presencia de España en todo este mundo que hemos estado desarrollando en la conversación reciente sobre América Latina?

Ricardo Lagos: Soy de la generación en la que en la universidad el grito de guerra consistía en cantar las canciones de la Guerra Civil. O sea, nací en 1938 y no tengo noción de aquello. Pero en la universidad, en 1955, 1956, 1957... se cantaba: «Si te quieres casar, con la chica de aquí, tienes que ir a Madrid, a empuñar un fusil...». Se cantaban todas.

Carlos Fuentes: *(Canta).* «Con el quinto, quinto, quinto... con el quinto regimiento». ¡Eran nuestras canciones! *(Risas).*

Ricardo Lagos: *(Recita)*. «Padre nuestro que estás en la tierra, en el agua, en el aire [...]. Y mirando el Cuartel de la Montaña, dijo: "Despierto cada cien años cuando despierta el pueblo"». Neruda, «Canto para Bolívar». ¿Te das cuenta? «Nunca pisaré España en la época de Franco». Yo lo tenía clarísimo. Bueno, la verdad es que cuando muere Franco y comienza lo que comienza, yo no puedo decir que es un amor a primera vista, ¡porque el amor venía de antes! Venía de antes con un sueño, ¡con una utopía!, que no era la dictadura de Franco. Cuando se produce esto, la apertura (el PSOE y toda la historia de Isidoro, que tenía nombre), la vivimos nosotros, que estábamos en dictadura, como si fuera nuestra. Franco era el símbolo del mal y nosotros, «un país democrático, en el que estas cosas no nos pasan, perdóname, qué nos va a pasar a nosotros». Chile estaba consolidado.

Carlos Fuentes: Cuéntaselo a Pinochet.

Ricardo Lagos: Yo nunca pensé lo que venía. Pero cuando ocurrió, obviamente que Pinochet era Franco, y por lo tanto, cuando cae Franco, ha caído Pinochet y te pones a mirar lo que allí ocurre. A veces me preguntan: «¿Y usted por qué sabe tanta política española?». No, no es que sepa tanto, ¡es que simplemente estaba viviendo anticipadamente mi propia vida! ¿Se entiende lo que quiero decir? Y cuando los amigos españoles a veces me dicen cómo hay que hacer las cosas, yo les digo: «Perdón, perdón, nosotros hicimos nuestra transición con Franco vivo, ustedes tuvieron que esperar a que se muriera».

Carlos Fuentes: *(Risas)*. Qué malo, ésa es una maldad de tu parte.

Ricardo Lagos: ¡Ésa es una maldad mía! Pero es real. Te cuento este cuento porque yo siento que es una vida vivida. Y eso que llegué a España mucho después. Yo conocía Europa, pero no España. El cruce de los Pirineos se produjo después. Pero entonces empiezo a descubrir que tiene muchas más similitudes. Siendo ministro de Educación, mi homólogo Javier Solana me presentó a un técnico en Educación, que era el subsecretario, un señor que luego sería el candidato socialista a las elecciones generales, representando al PSOE. Pérez Rubalcaba. Y me dio mucha risa, porque de repente, Javier me dice: «Y ahora hablemos un poco de política». Y Pérez Rubalcaba que estaba en la reunión entre dos ministros de Educación, sin que nadie le dijera nada, se paró y se fue, porque íbamos a hablar de política. Él era un técnico. *(Risas)*.

Carlos Fuentes: Yo tengo una relación con España que empezó durante la guerra, porque la embajada de México en Washington era vecina de la embajada de España y el embajador de la república española era nada menos que Fernando de los Ríos, al que tuve ocasión de conocer como niño, con barba, muy distinguido; y México, como ustedes saben, estuvo siempre del lado de la república y, al caer ésta, jamás reconoció el régimen de Francisco Franco. En cambio, recibimos a miles de intelectuales españoles. Mis profesores en la Escuela de Derecho fueron Manuel Pedroso, Recasens Siches, Alcalá-Zamora. Mis maestros en la Facultad de Filosofía y Letras, José Gaos, Gallegos Rocafull, Eduardo Nicol, eran todos exiliados españoles. Lo era Luis Buñuel, lo eran Luis Cernuda, Emilio Prado, Altolaguirre, María Zambrano en una época. Siempre me ha impactado esa idea de la riqueza que trajo España a México, un país muy *espanófobo* antes de eso. A los gachupines los odiábamos. Llegó la España peregrina, como la llamábamos, y cambió totalmente la actitud ante esa España por todo lo que le dieron a México; lo que no pudieron darle a España, nos lo dieron a nosotros para nuestro gran beneficio. Lo digo como estudiante en esa época, cómo me beneficié de tener a esos maestros, esos amigos, una maravilla. De manera que para nosotros la república nunca cayó y tuvimos siempre relaciones con ella, aun cuando fuese una república ficticia, fantasma. Siendo embajador en Francia recibí una orden de la cancillería mexicana: «Ha muerto Franco, vamos a esperar una transición y vamos a reconocer al rey». Unos de los meses más amargos de mi vida. Lo juro. Tuve que llamar al presidente y al canciller de la república fantasma desde mi oficina de la embajada y decirles: «Miren, estamos con ustedes desde siempre, pero se acabó». Ellos lloraron, yo casi lloré, se acabó una larga, larga relación de solidaridad de México con la república, pero ya con el régimen de Juan Carlos, qué íbamos a hacer.

J. C.: ¿Y ahora cuál es, Carlos, desde tu punto de vista intelectual, cultural, pero también de compromiso político con Iberoamérica, el papel que debería jugar España con América?

Carlos Fuentes: Mira, depende del régimen español. Pero lo que pasa es que hay una presencia de la inversión española en América Latina muy importante y eso no va a cambiar la política. Bancos, constructoras, ¿para qué hago la lista?, ustedes la conocen. Puede haber diferencias políticas, ya no va a haber el sentido de unidad que hubo sobre todo con Felipe González, cuando España se convirtió en parte de América Latina y América Latina en parte de España. La presencia española en América Latina estaba en todos lados y veíamos a esa

España como nuestro lazo de unión con el resto de Europa. Estábamos con España y España estaba con Europa, y a través de España estábamos en Europa nosotros también. Una razón muy importante para no sentirnos ajenos a algo que era parte de nuestro patrimonio. Al fin y al cabo, descendemos de españoles, de italianos, de franceses, etcétera. Vamos a ver qué pasa ahora, va a seguir habiendo una presencia importante. Yo espero que no, pero si lo eligen, va a seguir habiendo una relación, aunque no va a ser tan cordial como con Felipe González. Ése fue un privilegio que tuvimos, coincidir con Felipe González. ¡Hosanna, hosanna!

Ricardo Lagos: Bueno, yo creo que, efectivamente, la forma de aproximación a América Latina por parte de España con Felipe González fue un cambio muy, muy radical, muy significativo. González tuvo la visión de entender que América Latina, en una relación privilegiada con España y viceversa, le daba también a España un mayor peso en el concierto internacional.

Carlos Fuentes: Claro.

Ricardo Lagos: Yo siempre he pensado que González tuvo una visión diferente respecto a la Unión Europea. Echó abajo los Pirineos, como le dije yo una vez. Esos Pirineos que comenzaron a aislar a España desde la época de Carlos V y Felipe II.

Carlos Fuentes: África comienza en los Pirineos.

Ricardo Lagos: Así es. Y eso termina, ¿no? Es un cambio muy grande. Como España estaba más atrasada respecto de Europa, nosotros, los países latinoamericanos, la veíamos mucho más a la par. Y en consecuencia los experimentos que allí se hacían tenían mucho que ver con nosotros. Yo, como ministro de Educación del año 90, tenía más que aprender de España que de Alemania porque la distancia, las cifras que me separaban de Alemania eran mucho más grandes. Y después llegó el desembarco de las inversiones españolas en América Latina, que establecen también otra realidad política.

¿Cómo es vivir cerca de un vecino tan grande? México tiene una relación determinante (y difícil) con Estados Unidos. Y Chile convive, en su historia, con una digestión difícil del ansia dominadora del país que ahora preside Obama. De eso hablamos, de cómo ven el intelectual y el político esa presencia compleja y poderosísima.

J. C.: Estados Unidos y el continente. La sombra del gran vecino, esa presencia del gran ojo mirando hacia lo que en algún momento se llamó su patio trasero. Ahora no, por cierto.

Carlos Fuentes: Yo te digo una cosa, para empezar. En 1847, empieza la guerra de agresión norteamericana contra México. Habíamos perdido la provincia mexicana de Texas en 1838. Los Estados Unidos reconocieron la independencia de Texas y luego la anexaron y se enfrentaron a la tropa mexicana en el río, no en el Bravo, en otro, y fuimos a la guerra. La prensa europea, por ejemplo el *Times* de Londres, da por ganada la guerra por México, ese gran imperio que se extiende prácticamente desde Oregón hasta Panamá. Y cómo no iba a derrotar a las tres pobres colonias norteamericanas. Pues no, nos dieron en la madre, llegaron a Veracruz, por el norte llegaron a la Ciudad de México y se quedaron con la mitad del territorio mexicano. Esto explica la poca amistad que México ha sentido hacia los Estados Unidos durante largo tiempo. Vino la revolución mexicana, Woodrow Wilson intervino con los marinos en Veracruz. Mandó al general Pershing y la expedición punitiva contra Pancho Villa en 1917. Y luego los regímenes revolucionarios que siguieron, Carranza, Obregón y Calles fueron sancionados en los Estados Unidos, denunciados en el Senado americano, negadas las expropiaciones y el reparto de tierras que hacían los gobiernos en la revolución. Es decir, que teníamos una relación muy mala, muy mala, que culminó, y en 1938 Lázaro Cárdenas expropió las compañías petroleras porque se negaron a acatar un laudo de la suprema corte de México. Y los ingleses y holandeses se fueron de México y rompieron relaciones. Los americanos se fueron también, pero el presidente Roosevelt se negó a romper relaciones. Dijo: «Esto se compone, somos vecinos…». Roosevelt era muy inteligente, estaba pensando en la II Guerra Mundial, en quién iba a ser su vecino, un país antiyanqui, filonazi, México, donde había una simpatía enorme hacia Hitler. ¡Enorme! Había partidos pronazis. Una cosa impresionante. Entonces Roosevelt optó por el camino de la paz, del respeto a México, de tener conversaciones; el secretario [de Tesoro Henry] Morgenthau y el secretario [de Hacienda Eduardo] Suárez se juntaron y tomaron una solución perfectamente diplomática que preparó a México para entrar a la II Guerra Mundial del lado de Estados Unidos y de los Aliados. Pero fue un camino muy rocoso, muy difícil, haber llegado a una buena relación en la que sentimos que ellos nos respetaban tanto como los respetábamos a ellos. México no era una democracia, ¡caramba! Era un país autoritario, con un solo partido, vecino de los Estados Unidos, que nunca objetaron. A partir de Roosevelt no hubo objeciones, hubo un trato cordial, decente, un gran embajador que se llamaba Daniels, Josephus Daniels, y las cosas marcharon, pero después de una relación muy accidentada, sumamente accidentada.

Ricardo Lagos: Claro, cada uno habla…

Carlos Fuentes: De la feria como se ve en ella…

Ricardo Lagos: Por supuesto. Porque lo que acaba de decir Carlos con dos brochazos está pintando lo que uno veía de lo que era la política de Estados Unidos hacia nuestra región. Pero es muy distinto leerlo en los libros que experimentarla vivencialmente. En aquellos tiempos, la escuadra chilena estaba en condiciones de enfrentar la escuadra de los Estados Unidos porque era la escuadra que Estados Unidos tenía en el Pacífico. No había Canal de Panamá. En consecuencia, si mandaban la escuadra que estaba en el Pacífico, ¡había tiempo para prepararse! *(Risas).* Y cruzar el estrecho de Magallanes ahí era difícil, ¿no? En fin, esto es anécdota.

Lo que quiero decir es que Estados Unidos tenía las inversiones en el cobre, y después Electric Morgan S. A. las inversiones en teléfono y electricidad, pero no se sentía la presencia de un imperio absoluto, ésa es la verdad. Y por lo tanto, no había esa relación rocosa, y tampoco existió un Lázaro Cárdenas que expropiara nada. Porque desde el principio se dijo que el petróleo era de Chile y punto. Además que se demostró después que había muy poquito petróleo.

La vivencia personal de uno es algo distinto. Yo llegué a Estados Unidos con una beca para ir a la Universidad de Duke, en Carolina del Norte. Y entonces observé lo que sucedía entre negros y blancos. Bajo del avión, voy al baño y veo que tengo que hacer una elección: «white men» o «coloured men».

Carlos Fuentes: Qué horror.

Ricardo Lagos: Y lo primero que pensé fue: «¿Y yo qué soy?». ¡Nunca me había hecho ese planteo! Porque yo soy un poco negrito, moreno, entonces no sé qué seré. Decidí que era *white* y entré ahí. Bueno, después vamos a arrendar una casa, y terminamos en una vieja casa sureña que la dueña tenía dividida en distintos departamentitos para personas. Mrs. Green se llamaba. Mrs. Green me explica que el bus que tengo que tomar para la universidad es en tal paradero, que pasa cada dos minutos y que no me olvide: «Usted como blanco, se sienta delante». ¡Eso no lo podía creer! Y me subo al bus y, efectivamente, decía: «Blancos delante, *coloured people* atrás». Y cuando llegué a la universidad, salvo a los negritos que hacían el aseo, y cortaban el pasto, se prohibía la entrada de universitarios negros. Ahora, estábamos llenos de hindúes, porque había un programa de intercambio muy intenso con la Commonwealth, nunca supe por qué. Había paquistaníes, hindúes, toda la Commonwealth estaba ahí. Pero negros, no. Estando yo allí, la universidad aceptó que llegara un negro. Se veía lo que venía, estamos hablando del año 1961, 1962. Cuando en los restoranes había un cartel que decía: «Este local se reserva el derecho de admisión», quería decir que en ese local entrábamos los blancos y no los negros.

Carlos Fuentes: Qué vergüenza…

Ricardo Lagos: El cine en las ciudades (el Caroline o algo así se llamaba el cine) era sólo para blancos, y había varias personas haciendo piquete fuera. ¿Por qué digo toda esta historia? Porque si a mí me hubieran dicho que en ese país yo iba a ver a un afroamericano, como se dice ahora, en la presidencia de los Estados Unidos, habría dicho: «Este tío está loco». A los quince días de estar allí, no sé por qué razón, se derogó la norma de «blancos adelante y negros atrás».

Carlos Fuentes: Por Rosa Parks.

Ricardo Lagos: ¿Por qué digo esto? Porque hay que reconocer que la sociedad americana es una sociedad rica, que no es en blanco y negro, por así decirlo, y que es capaz de producir cambios desde dentro. Aunque cuando pienso en su evolución y en los últimos tiempos, veo un país que va para atrás, no para adelante, en términos de la convivencia política.

Debo reconocer que me tocó estar en un momento difícil, cuando firmamos el acuerdo para el libre comercio, tres meses después de haberle dicho «no» a Irak. Se me dijo: «¿Ha calculado usted las consecuencias?», me lo dijeron muchos chilenos.

Carlos Fuentes: Pero americanos no.

Ricardo Lagos: Al principio. Una vez Condoleezza Rice llamó a mi ministro vocero de la presidencia, porque habían sido compañeros de curso en Estados Unidos y mantenían la relación de amistad, y le dijo: «Vi que Chile entró en el Consejo de Seguridad. Supongo que ustedes tienen claro que en el Consejo de Seguridad una abstención equivale a un voto en contra para nosotros, porque significa que no llegamos a los nueve votos de mayoría, es decir, equivale a decirnos no». Era lo mismo abstenerse que decir que no. Entonces el vocero Heraldo Muñoz le dijo: «Sí, creo que el presidente lo sabe…». Creo que también hay una percepción de que el garrote puro, duro y frío, a ratos tampoco sirve.

Carlos Fuentes: O ya no sirve.

Ricardo Lagos: O ya no sirve, según. Ése «ya» me parece muy bueno, no es que no sirva, es que ya no sirve. Y eso yo creo que es muy importante porque indica cierta respetabilidad y cuando, nueve meses después, el mismo Consejo de Seguridad, por unanimidad, dijo que fueran tropas a Haití a poner orden yo dije: «En setenta y dos horas hay tropas chilenas para poner orden». Entonces me comunicaron que me quería llamar el presidente Bush para darme gracias, y yo les dije: «No, que no se moleste porque en verdad esto significa coherencia en política exterior». *(Risas).* Yo le dije: «Dentro del Consejo de Seguridad, todo. Fuera del Consejo de Seguridad, nada».

Carlos Fuentes: Muy bien, muy bien.

Ricardo Lagos: Le dije: «Somos un país chico, necesitamos reglas y las reglas las ponen Naciones Unidas, y si no, ¿quién las va a poner? No las han puesto y así está la globalización, entonces no me pida que yo tome medidas». Y después de eso volvimos a tener relaciones… cordiales, digamos. Una invitación a la Casa Blanca, después Bush fue a Chile con motivo de la APEC. Yo pienso que los imperios son así, no hay caso, son imperios. Uno lee *Memorias de Adriano,* de nuestra Marguerite Yourcenar, y ve cómo se desplazaba Adriano. Ahora cuando un presidente de Estados Unidos te va a ver a tu país llegan dos mil americanos. Se me produjo la situación más difícil cuando me cuentan que hay un gran banquete en La Moneda en honor del presidente de los Estados Unidos y que me van a poner una cámara de seguridad y pasar por no sé dónde y digo: «¡Pero no puede! ¡Si es el palacio de los presidentes de Chile!».

Carlos Fuentes: *(Risas).*

Ricardo Lagos: «¡Pero es que el presidente de Estados Unidos es su invitado y hay cuatrocientos invitados más!»,

«Sí, señor, hay cuatrocientos invitados, son mis invitados, yo respondo por ellos». Bueno, esto yo no lo supe hasta el final, porque a los presidentes nunca les dicen estas cosas. Al final el ministro me llama afligidísimo: «Colin Powell necesita que usted le reciba». «¿Por qué?», le digo, y ahí es cuando me lo cuenta. Y entonces le contesto: «Sí, por supuesto, que me llame». Claro, se supone que un secretario de Estado no habla con un presidente, ¿no? Tuve una relación muy buena con él, siempre. Me llama y me dice que todo esto es necesario y yo le digo que no puedo. Y me responde: «Es que no es negociable para mí, esto son instrucciones del Servicio Secreto». «Bueno, pero para mí tampoco es negociable», le dije. «Si usted me hubiera dicho esto antes, yo la recepción la hago en un hotel, y que en el hotel pongan veinte controles, qué me importa a mí, yo no respondo por el hotel, yo en un hotel respondo nada más que por la comida que van a dar. Pero en el Palacio de la Moneda, no». Entonces me dice que la semana anterior Blair dio una recepción para el presidente en la embajada de los Estados Unidos, y los invitados tuvieron que pasar por esto, y la máquina sonó y tuvieron que revisar por arriba y por abajo a George Shultz. Y yo me figuraba al pobre George Shultz revisado por arriba y por abajo...

Carlos Fuentes: *(Risas).* Sus llaveros...

Ricardo Lagos: Entonces le digo: «Mire, lo siento mucho, aquí no». «¿Y qué solución hay?», me dice. «Mire, la solución más simple sería que yo invito al presidente Bush con su señora, y lo recibo en palacio con mi señora, y comemos los cuatro».

J. C.: Y no hay recepción...

Ricardo Lagos: Y no hay recepción. Bueno, él como buen diplomático me dijo: «Trabajemos esa opción». Al final, yo invité a diez personas, él vino con diez personas más y comimos veinte personas en el comedor privado del Palacio de la Moneda.

Carlos Fuentes: Sin tener que pasar.

Ricardo Lagos: Yo dije: «Mis invitados no van a pasar», «No, no, no, si son diez personas no hay ningún problema». Y cancelé el banquete, el día antes. Ahí es cuando uno se da cuenta de que es un imperio y que se desplaza como Adriano. Y así se desplaza Adriano, nuestro Adriano de hoy. Las relaciones con Estados Unidos han sido relaciones muy difíciles, desde Monroe en adelante se establece esta peculiar relación; en buena medida tenía que ver con la esclavitud.

Carlos Fuentes: Se llaman además estados esclavistas.

Ricardo Lagos: Sí, además, estados esclavistas. Digo todo esto porque creo que la relación es una relación compleja, difícil, pero también creo que con Obama es distinta y que esto tiene que ver con el mundo demócrata, que es mucho más abierto. Lo de Roosevelt que tú mencionas y la relación con Cárdenas, con todo lo duro que fue. Para qué decir las relaciones de Estados Unidos con América Central. Mejor ni contar, ¿no?

Carlos Fuentes: Como decía Franklin Roosevelt, Somoza es un hijo de puta pero es nuestro hijo de puta. *My son of the bitch.*

J. C.: Ahora, Carlos, ¿cómo ves tú el hecho de que aquel país que odiábamos como imperio exista ahora, con Obama, como un país que defiende los valores por los que luchas tú mismo?

Carlos Fuentes: Eso depende mucho de lo que acabamos de decir y, por desgracia, quizá no tengamos buena razón Ricardo y yo en querer creer que los Estados Unidos se han dado cuenta de que el mundo cambió. De que ya no son la única gran potencia y de que siguen siendo la primera, pero ya no con el poder que tenían antes. Obama lo sabe, la gente del Tea Party lo ignora paladinamente y ahí hay un choque político que puede conducir a la presidencia a un republicano de extrema derecha como Rick Perry, el gobernador de Texas, y ése sí que es «a son of a bitch»*. Es un tipo siniestro, que quiere la secesión de Texas, que impide que Greenspan vaya a Texas porque es un enviado del diablo, un señor de la ultraderecha puede ser presidente de los Estados Unidos, ¿quién lo impide? Puede muy bien serlo, puede que el otro candidato, como [Mitt] Romney, resulte demasiado tibio para ciertos ánimos americanos y elijan a éste. Yo espero que no, que el voto medio que decidió las elecciones americanas vaya con Obama, que finalmente, al optar entre un partido republicano dominado por el Tea Party y un partido demócrata en el que el ala izquierda estaría con Obama y el resto del partido también y buena parte del centro seguiría con Obama, Obama sea reelecto. Y eso significa que tendríamos cuatro años más de inteligencia por lo menos, de un trato interesante. Pero puede pasar lo contrario y esto sería muy grave; además, si el gobernador Rick Perry llega a presidente, es no sólo un hombre ignorante y zafio, sino que además es de Texas, y eso para los mexicanos es muy grave. Que haya un texano. Trataron de congraciarse con nosotros Lindon Johnson y George Bush, pero éste es un hombre particularmente truculento, muy malo. Por eso yo espero

---

*Rick Perry finalmente decidió retirarse de las primarias republicanas en enero de 2012.

una reelección de Obama, ruego por ella porque entonces tendríamos cuatro años más de mejorar las relaciones, que de eso se trata, nada más y nada menos. Porque ya no son las relaciones que podía haber antes, cuando los Estados Unidos eran los amos indiscutibles del mundo occidental, ahora es un país que está yendo para abajo y no lo admite. Y un presidente que se va acomodando a los cambios del mundo que es Barack Obama, un hombre inteligente. Pero Rick Perry no tiene por qué acomodarse a nada. Él sigue creyendo en la superioridad de los Estados Unidos de América. En consecuencia la política exterior obedecería a esta ideología del presidente Perry (que espero que no sea). Pero estamos en un trance difícil por la elección que viene. Y ya vemos cómo se están perfilando las cosas. Rick Perry podría llegar a ser el candidato del partido republicano y en ese caso sería posible que ganara la Casa Blanca. Entonces se redefine todo de vuelta, perdemos lo que ganamos con Obama, y esto sería lamentable.

Ricardo Lagos: A veces es extraño lo de Estados Unidos, porque tiene estas recaídas de extrema derecha. Estados Unidos busca el centro, y el efecto de estos movimientos de extrema derecha es que corren la línea donde queda el centro, ¿no?

Carlos Fuentes: Sí.

Ricardo Lagos: Después de diecisiete años, en Chile, Pinochet corrió la cosa del centro un poquito más allá de la derecha. Pero aparte de esto creo que en Estados Unidos hay un mundo demócrata, liberal, que entiende perfectamente lo que está pasando. Por lo tanto se da cuenta de que Estados Unidos tiene que tener una posición distinta en el mundo si quiere seguir sobreviviendo adecuadamente. Y ésa es la razón por la cual, frente a Cuba, un Obama está en mayor disposición. Y no me cabe duda de que un Obama, en una segunda presidencia, buscaría resolver el tema cubano de una manera adecuada. Y eso quiere decir no haciéndoles mucho caso a los sectores más conservadores de la colonia cubana en Estados Unidos. Pero me gustaría pensar que, en definitiva, esta polarización política que nunca he visto en Estados Unidos empieza a decaer. Ahora, esto tendrá que ser para que Estados Unidos se dé cuenta de que su lugar en el mundo está cambiando. Porque es demasiado obvio que está cambiando.

Carlos Fuentes: No para el Tea Party.

Ricardo Lagos: Para el Tea Party en absoluto. Ellos están convencidos de que siguen siendo el número uno y de que imponen su orden en el mundo. No se dan cuenta de que eso no es así. O sea, ¿no sacan las experiencias, por ejemplo, de la guerra de Irak? No sacan ninguna experiencia. O Afganistán. Es muy notable cómo no entienden eso.

Carlos Fuentes: Obama lo entendió, como en el caso de Libia…

Ricardo Lagos: Sí, claro, perfectamente; la forma en que abordaron Libia es bastante ejemplar. Que vayan los europeos adelante, nosotros vamos detrás. Es que la superioridad militar ahora es enorme. El presupuesto militar de Estados Unidos equivale al presupuesto militar conjunto de las diez potencias que le siguen.

Carlos Fuentes: ¡Qué barbaridad!

Ricardo Lagos: Me recuerdo que para la guerra de Irak salió la conversación de cuánto iba a ser el aumento del presupuesto para el Pentágono. Y el presupuesto que aumentaba el Pentágono era más grande que el presupuesto del Reino Unido. O sea, todo el apoyo que daba Blair era equivalente al aumento...

Carlos Fuentes: *The former British Empire.*

J. C.: Ricardo Lagos plantea una pregunta muy interesante desde el punto de vista periodístico. ¿Qué significa compartir la misma dimensión hemisférica en un mundo donde ya no somos el patio trasero único y cerrado?

Ricardo Lagos: Yo diría que eso implica, punto número uno, un mayor grado de independencia. China está jugando un rol, lo que lo hace más fácil. Es como lo que tú comentabas, Carlos, del presidente Porfirio Díaz, que quería inversiones inglesas y europeas. Y dos, que es otra América Latina la que emerge de esta crisis, con una sensación de «esta crisis no es mía, por primera vez en mucho tiempo nadie me puede acusar».

Carlos Fuentes: «No somos el origen».

Ricardo Lagos: «No somos el origen de esto, entonces, tengo derecho a hablar». Y lo más importante, como hemos tenido tantas crisis hacia atrás, nosotros sí podemos dar asistencia técnica de cómo afrontar una crisis.

Y le podemos dar algunos consejos a Estados Unidos de cómo se hace para pagarle la deuda a los bancos, porque a los bancos chilenos tuvimos que salvarlos en el 1982. Tres, estamos saliendo más rápido porque nuestros países ahora están creciendo un 5,5-6 por ciento en el año 2010, algo parecido en el año 2011, y en el 2012, un poquito menos, pero son cifras con las que los países desarrollados, ni Europa ni Estados Unidos, sueñan. Se está dejando de hacer de patio trasero, se está aprendiendo por parte de Estados Unidos que tenemos mayor independencia real y mayor voluntad política para ejercerla. Si usted dice «no» a Irak, no pasa nada. Al mes de decirle «no» a Bush, nuestro Jorge Batlle, presidente uruguayo, fue a Estados Unidos porque Uruguay quería hacer acuerdos de libre comercio con Estados Unidos para colocar sus productos. Y llegó allá, se sentó en la Casa Blanca y Bush le dijo: «Muy contento de saber que usted quiere iniciar conversaciones», «Sí, señor, queremos iniciar conversaciones, estamos muy contentos, pero primero déjeme hacerle una pregunta, ¿qué va a hacer con Chile?». Entonces Bush lo mira y le dice: «¿Por qué?». «Bueno, porque si usted toma medidas con Chile porque Chile le dijo no, yo me tengo que volver a Uruguay y ni siquiera plantearle el tema». Y Bush entonces lo mira, se rió, miró a Zoellick y dijo: «No sabía que te habías traído un abogado a la Casa Blanca». Que fue la forma de distender la conversación y no responder. Esto me lo contó Jorge Batlle esa misma noche. Me llamó a mi casa y me dijo: «Ricardo, te voy a mandar una factura», «Factura, ¿de qué?», «¡Por servicios prestados!». *(Risas).* Lo cuento porque es otro modo de ponernos de pie frente a Estados Unidos. Y eso, creo, también habla de que América Latina se siente más segura, más «empoderada», por decirlo de alguna manera. El mundo unipolar que creyeron que había después de la caída del Muro de Berlín es por lo menos multipolar en lo económico, en lo intelectual… No es tan blanco y negro. Este continente emerge de manera diferente, y ahí creo que es otro cuadro.

J. C.: ¿Cómo ves tú esa nueva posición de América Latina, Carlos?

Carlos Fuentes: Mira, yo soy de un país limítrofe, que es distinto. Tenemos una fijación con los Estados Unidos, como he dicho. Tenemos una economía que no va mal, pero una política que va muy mal. Tenemos el de-

safío de pandillas, de narcotraficantes, una respuesta
muy pobre de parte del gobierno de México. Manda un
ejército que es derrotado, no estamos resolviendo nada
de eso, y con Calderón ha sido vivir con ese problema
hasta el final de su mandato, pero no resolverlo. Y luego hay mucha gente que se está quedando atrás en México. Mucha gente que asciende, pero también mucha
gente que no asciende o incluso que cae desde la clase
media y regresa a la clase proletaria. De manera que es
un cuadro muy complejo del país de habla castellana
más poblado del mundo. Ciento diez millones de habitantes. Cuando yo nací, México tenía veinte millones de
habitantes. Hay un lema que decía: «Veinte millones
de mexicanos no pueden estar equivocados». Se refería
al país, hoy se referiría a la Ciudad de México, que tenía
un millón de habitantes cuando yo nací. De manera que
hay una explosión demográfica extraordinaria en México y, en consecuencia, desigualdades tremendas. Porque
México, en el mejor de los casos, puede ser considerado
un país corporativo. Corporaciones privadas y corporaciones públicas, empezando por el sindicato de maestros, el sindicato de electricistas, en cualquier sindicato.
Todo son corporaciones fascistoides y el sector privado,
a pesar de Carlos Slim, también. De manera que hay que
hacer una reforma como la que hizo Roosevelt, Teddy
Roosevelt de los Estados Unidos, que es romper el mundo corporativo para abrirlo a una pluralidad de empresas y a una pluralidad sindical. Eso no lo hemos hecho
en México todavía, y es un problema porque ayudaría
mucho a desfogar la presión de población, de expecta-
tivas no cumplidas, de esperanzas en México. Es un problema grave. No creo que el presidente Calderón tome
esas medidas, espero que el siguiente presidente pueda

enfrentarlo, porque se puede producir en México un estallido, una cosa desagradable, en virtud de la existencia del crimen organizado, fuerzas de policía raquíticas, un ejército derrotado por las bandas de narcotraficantes y un descontrol político grave, muy grave. Yo espero que las cosas vayan por un buen camino y se creen estructuras, incluyendo algo que cae muy mal en México, y que repito: «Si nosotros no podemos, hay gente que sí puede». El ejército israelí puede, la policía israelí, la policía francesa y el ejército o policía de la antigua Alemania del Este saben poner orden. Dicen que esto es violar la soberanía mexicana, ¡está más violada que la puta de la esquina! No tiene eso una razón de ser. Tenemos que saber cooperar para resolver nuestros problemas, pero ése es otro boleto.

Ricardo Lagos: Bueno, yo creo que el tema de la relación América Latina-Estados Unidos va cambiando, por la mayor potencia política, económica, de América Latina, pero creo que el tema del que acaba de hablar Carlos, el del narcotráfico y sus consecuencias, es uno de los más complejos. Junto con el de la inmigración son temas globales. Aquí se convierten en política doméstica y ahí, entonces, estamos mal.

Entonces, voy a resumir, si queremos tener una política común frente al tema migratorio, países como nosotros tenemos derecho a decirle a Estados Unidos lo que le exigimos, pero también tenemos que exigírnoslo a nosotros mismos. En mi país, en Chile, y en otros países, empiezan a surgir voces un poquito xenófobas que no quieren nada con lo extranjero porque nos vienen a robar los puestos de trabajo. Bueno, hagamos lo que hacen los amigos de Singapur, que tienen un programa de becas inmenso en todos los países de Asia para que vayan a estudiar allí y de esa manera tener una migración de otro tipo. Chile tiene una tasa de fecundidad hoy de 1,9, lo que quiere decir que la población va a disminuir a menos que haya inmigración. Por tanto, tenemos que mirar el tema de la migración, o el tema de la droga, de una manera más amplia. Además por una razón: como ya somos países de ingresos medios, como recordábamos, ninguno califica para ayuda o asistencia técnica, ni de Estados Unidos ni de nadie. Eso automáticamente nos coloca en otra etapa, pero a ratos parece que nuestros países no lo han asimilado y seguimos actuando como si todavía estuviésemos en una etapa anterior.

Pero la relación con Estados Unidos debe ser distinta. Tenemos que hablar con más voz. Decir: «Mire usted, esta decisión del Fondo Monetario siempre que lo dirija un europeo y en el Banco Mundial un americano, terminó». Y si en el G20 no nos ponemos de acuerdo entre los tres, estamos mal. Y una cosa en defensa de México y su cercanía a Estados Unidos, y respecto de lo que tiene que hacer porque está muy cerca. En el caso de Irak lo primero que hice cuando vi que venía la tormenta fue coger el teléfono y llamar a Vicente Fox y decirle: «Yo entendería que México tuviera que cambiar de opinión, pero te pido un solo favor, avísame veinticuatro horas antes, porque yo tengo que tomar algunas medidas también». Y a comienzos de febrero el representante de Pakistán habló con el embajador de Chile en Naciones Unidas para decirle: «He visto que ustedes están en una sintonía muy buena con México, ¿se coordinan ustedes?», «Bueno, sí, hablamos por teléfono», «A mí me interesaría, ¿ustedes me podrían invitar cuando tengan alguna reunión?». Y así se formó el Grupo de los Tres (Chile, México y Pakistán), al cual con posterioridad llegaron los representantes de África y dijeron: «¿Nos podrían invitar a nosotros?». Y eso fue lo que se conoció en la jerga de Naciones Unidas como «*the uncommitted six*». ¿Qué quiero decir con esto? ¡Que si América Latina se pone de acuerdo tiene más importancia de lo que creemos! Aquí era una cosa coyuntural, no tiene más trascendencia, pero al final se impuso un cierto criterio.

Carlos Fuentes: En América Latina hay un gran desequilibrio entre el aumento de la riqueza y el aumento de la pobreza al mismo tiempo. Hay, sin duda, una clase media que se ha expandido bastante, pero hay una gran concentración de riqueza hasta arriba y sigue habiendo una gran concentración de pobreza hasta abajo. ¿Cómo hacemos no para que los ricos sean pobres, sino para que los pobres sean ricos? Que aumente esa posibilidad de las clases populares. Basta visitar Lima o México [DF], prácticamente cualquier ciudad de América Latina, para darse cuenta de que ahí están y nos lo están reprochando, en tanto que el mundo de la riqueza se ha consolidado en una especie de autosatisfacción. Hay que cerrar esa enorme brecha, ¡la hemos cerrado en gran medida, Ricardo! No había clases medias en América Latina, en México ciertamente no las había a principios de siglo XX. Hoy podemos decir que casi la mitad de los mexicanos son clase media alta y baja, pero la media baja tiene miedo de irse a la pobreza, y la clase pobre no tiene muchas esperanzas de irse a la clase media. Hay una especie de paradoja entre la movilidad y la rigidez social en América Latina, y me pregunto qué podemos hacer desde el Estado, desde la empresa, para darle fluidez a esta situación, para darle esperanza a la gente. Corremos el riesgo de que la gente se desespere en muchas partes de América Latina.

Ricardo Lagos: Claro.

Carlos Fuentes: Y entonces es un enorme signo de interrogación, no sabemos qué puede pasar, y más en un mundo en que están sucediendo cosas que no habíamos previsto. Por qué se va a escapar América Latina de la gran interrogante mundial que estamos viendo: ¿qué somos?, ¿adónde vamos?, ¿por qué los partidos no nos dan lo que queremos?, ¿por qué los gobiernos nos fallan? Todo esto, tarde o temprano se lo van a preguntar con mucho vigor los latinoamericanos. Por un momento no, porque como decía el presidente ayer, hemos tenido la fortuna de que la crisis, por una vez, no empezó en América Latina. *(Risas)*. Las crisis se originaban en América Latina. Hoy nos llegó la crisis. Lo cual, en cierto modo, es una ventaja, pero no nos exime de las responsabilidades.

Ricardo Lagos: De las consecuencias.

Carlos Fuentes: Y hay que pensar qué puede pasar si esta crisis se generaliza porque es una crisis muy peculiar. Sabemos los números, los nombres, las nomenclaturas y orientaciones de las crisis que hemos vivido con anterioridad. Y esta vez no. Qué une a la revuelta de África del Norte con lo que pasa en España, con lo que pasa en la Gran Bretaña…

Ricardo Lagos: En Israel.

Carlos Fuentes: En Israel, qué barbaridad. E Israel está queriendo regresar al Israel de la fundación. El que han perdido.

Ricardo Lagos: Los kibutz. Quieren llegar a los kibutz.

Carlos Fuentes: Y los Estados Unidos están distanciándose de sí mismos. Esto me parece lo más peligroso de todo. Que haya un presidente clarividente que vea desde lejos y una sociedad extremista; más bien, el extremo de la sociedad que sí, pensaron ilusiones, «somos el más grande país, no tenemos competencia, podemos hacer lo que queramos y podemos regresar al pasado». Eso es lo peor de todo, el regreso al pasado de los ultraconservadores y la incapacidad de Obama de decir dónde está el futuro porque se le enoja el electorado.

Ricardo Lagos: Bueno, yo creo que el tema de la pobreza es el tema número uno que ha tenido América Latina. Ahora se ha aprendido cómo derrotarla; el retroceso de la pobreza en Brasil con las medidas de Cardoso y de Lula ha sido importante. En Chile también tuvimos un retroceso importante de la pobreza, muy significativo. Chile tuvo durante veinte años un crecimiento por habitante que era cuatro veces el de América Latina y eso fue lo que permitió hacer retroceder la pobreza. Pero mientras esto ocurría, la riqueza crecía más rápidamente, por lo que la distribución se hacía más inequitativa. Esto no es patrimonio de Chile, porque en Estados Unidos ni se diga. En el aumento de los grupos de altos ingresos, hay una sola cifra que impacta mucho: el 1 por ciento de Estados Unidos hoy día tiene casi el 25 por ciento del ingreso total. Y de ese 1 por ciento, el 0,1, o sea, el 10 por ciento, tiene 12,5. Bueno, y eso es simplemente resultado no de la economía, sino de las políticas, porque han tenido la política de reducción de impuestos a los más altos ingresos con el pretexto de decir que de esa manera se gasta más. Chile tiene el mismo PIB, más o menos que Nueva Zelanda. La diferencia es que en Nueva Zelanda hay cuatro millones de habitantes para ese producto y en Chile hay diecisiete. Pues bien, teniendo el mismo PIB que Chile, en Nueva Zelanda no hay grupos económicos que tengan un capital superior a trescientos millones de dólares. En Chile, hay tres o cuatro grupos que están en las listas de los quinientos más ricos del mundo. ¿Dónde está mejor repartida la riqueza, en Nueva Zelanda o en Chile? ¿Me explico? Eso es materia de política, eso no ocurre al azar. Aquellos que tienen esa situación tan particular tienen que ser los primeros en comprender la necesidad de poder hacer algo que sea mejor distribuido porque va en beneficio de ellos mismos. Y esta parte, ¿cómo se les explica? El tema de la cohesión social tiene que ser comprendido, los de más abajo la sufren; cuando no hay cohesión social, la reclaman; pero los de arriba tienen que tener la inteligencia de entender que, para mantener su posición en la sociedad, tiene que haber una mejor distribución. Y ésta es la clave. Y si no, la pobreza relativa va a seguir existiendo. Una sola cifra: Chile tiene quince mil dólares por habitante, estamos todos muy orgullosos, pero el 80 por ciento de los chilenos está por debajo de eso. Lo cual habla de una muy mala distribución. Que es lo que algunos llaman la pobreza relativa. Creo que en América Latina, hoy ha llegado el momento de la distribución. Sin perjuicio de los avances que hay que hacer en pobreza. Y Chile es un muy buen ejemplo; en el año 1990, teníamos un 40 por ciento y ahora tenemos un 11 por ciento de gente viviendo bajo la línea de la pobreza. Bajar en veinte años del 40 al 11, es tremendo. Y aquellos que dejaron la pobreza atrás ahora son los emergentes sectores medios. Pero esos sectores medios siguen viendo que la distancia con los que están arriba se agrandó, no se achicó. Esos otros desafíos, si no se satisfacen, crean la tensión a la cual Carlos se refiere muy bien. Cómo hacemos para que el crecimiento vaya de preferencia a los que están más abajo y no a los que están más arriba.

Carlos Fuentes: Ahí interviene la política de Estado. Porque durante mucho tiempo, en América Latina, en nuestras vidas, Ricardo, hubo una especie de ideología antiestatal.

Ricardo Lagos: Absolutamente.

Carlos Fuentes: El Estado es lo que entorpece el desarrollo, la empresa privada se encargará de todo. Esto lo vimos en México con resultados fatales. Habíamos construido un Estado más o menos eficaz con la revolución mexicana; fue desmantelado a partir de López Mateos y su clase; desmanteló el Estado y ahora tenemos que volver a darle esos instrumentos para que ataque los problemas a los que te estás refiriendo.

Ricardo Lagos: Tienes toda la razón.

Carlos Fuentes: Entonces, ¿qué políticas podemos seguir para prestigiar al Estado de vuelta? Porque está desprestigiado, porque era un Estado que intervenía demasiado o era demasiado débil. Estamos en un Estado regulador simplemente; Estado o sociedad civil, mercado y Estado regulando a los otros pero sin imponerse a los demás.

Ricardo Lagos: Y muchas veces sin las herramientas adecuadas.

Carlos Fuentes: Sin las herramientas… ahí tenemos un gran problema de redefinición y de devolverle el prestigio a la función política y al Estado. Es uno de los grandes problemas de América Latina. Vamos a nuestro foro y vemos a mucha gente que cree en la empresa nada más, que la empresa va a resolverlo todo… No es cierto, la empresa es parte de la sociedad, una sociedad en la que hay un Estado. Si no hay un Estado, la empresa se desboca y se canibaliza al resto de las cosas. Por eso hay que tener un Estado con leyes precisas, no un Estado débil ni excesivamente fuerte, sino un Estado regulador.

Ricardo Lagos: Es tan cierto lo que tú dices que en la Constitución de Pinochet, cosa que no hemos logrado cambiar, dice: «El Estado tiene un rol subsidiario». Eso no puede ser. Ahí es donde yo digo que el Estado tiene que aplicar medidas, porque eso de que el crecimiento produce un chorreo que llega a todo el mundo no es así. El chorreo se demora mucho y antes de que llegue se produce una revolución. Se produce una protesta. Lo segundo que yo diría es que ese Estado, como dices, Carlos, muy bien, tiene que ser un Estado musculoso, que pueda imponer sus regulaciones, porque no sacamos nada con decir que las hay si se quedan en letra muerta. Muchos de los abusos que se cometen son porque no hay un Estado fuerte que los impida. El Estado está para escuchar lo que plantean los ciudadanos, el mercado escucha a los consumidores, pero los consumidores hablan por el bolsillo. Y en consecuencia, unos consumen más que otros, es decir, que hay una gran diferencia de cuando la sociedad la hacen los consumidores o los ciudadanos.

Carlos Fuentes: Aquí hay un hecho que es que nos acostumbramos a que hubiese Estado fuerte como dictadura. El Estado era fuerte cuando había dictadura, cuando estaba el ejército en el poder.

Ricardo Lagos: Al otro lado de la Cortina de Hierro, ¿qué había?

Carlos Fuentes: ¿Qué había? Y todavía no nos acostumbramos al hecho de que la democracia con derecho es la verdadera fuerza, la verdadera justicia; la democra-

ahí a donde interviene
estado con una especie
ideología estatal, en
que se encargaría de
regularlo pero sin
imponerse
a los demás, con las
herramientas ~~se~~ definir
para desdoblarle el poder
de función política al
estado. De tal manera
que pueda imponer
sus regulaciones, por
que no se saca nada
con decir que las hay,
si se quedan en letra
muerta. Muchos abusos
que se cometen son por
que no hay un estado
fuerte que lo impida.

St. Jude Children's
Research Hospital

ALSAC · Danny Thomas, Founder
Finding cures. Saving children.

stjude.org

Ma:

I · Love
YOU

Leyly

cia no debe renunciar, a priori, para distinguirse de regímenes anteriores a veces, a la fuerza que le corresponde al Estado, no hablo de una fuerza arbitraria, sino de una fuerza sujeta a la ley. Muchas veces se dice: «Ah, no, no, no, es que antes teníamos una dictadura, ahora vamos a ser débiles y vamos a permitir que el mercado crezca y no vamos a intervenir». No. La dictadura de ayer tiene que ser sustituida por el Estado de hoy, pero un Estado fuerte, que imponga las leyes, que regule las cosas, que tenga el vigor suficiente para dirigir a la sociedad, sin imponerse a la sociedad.... Que tenga un papel preponderante que a veces hemos perdido en los gobiernos de América Latina.

Ricardo Lagos: Claro, si el Estado abdica de sus obligaciones, se abre un gran espacio. Yo siempre he dicho que el Consenso de Washington está muy bien, que equilibren los presupuestos y todo lo demás, que le dejen un espacio a la actividad del mundo privado, por supuesto... Pero entrar a desregularlo todo como lo dicen los amigos del Consenso, eso no puede ser.

Carlos Fuentes: No, no.

Ricardo Lagos: Lo que le falta al Consenso de Washington son políticas sociales en beneficio de los que tienen menos. El propio [John] Williamson, el autor del famoso Consenso, lo ha reconocido posteriormente, que él hablaba estrictamente de economía, no de políticas sociales. Pero es que sin políticas sociales, el Estado no está en condiciones de cumplir el rol que le piden los ciudadanos. Eso me parece que es esencial. Hemos avanzado, pero cuando se avanza derrotando la pobreza no necesariamente se avanza mejorando la distribución de ingresos. Y ése es el problema que hoy tiene América Latina.

Carlos Fuentes: Sí, exacto. Una concentración de riqueza en una esfera alta, y una concentración de la pobreza en la más baja. Y no podemos admitir la satisfacción, la autocongratulación mientras ese Estado subsiste sin insistir mucho en eso. Que hay tanta gente que dice: «Ah, qué bien, mira de dónde salimos, cómo estábamos hace veinte años y cómo estamos ahora, bravo, bravo». No, no, yo creo que ninguna sociedad deba jamás congratularse a sí misma, ¡jamás! La más exitosa de las sociedades tiene problemas o los va a tener, porque el éxito engendra sus problemas también y si te duermes sobre tus laureles...

Ricardo Lagos: Te llevará la corriente.

Carlos Fuentes: ¡Te va a llevar la chingada! *(Risas).* Tarde o temprano. Entonces hay que estar muy alerta. Eso significa darle mucha importancia a la opinión pública, a los medios de información, a la prensa, a la literatura, a los portavoces de la clase media, a las gentes iluminadas de clases altas... que todo el mundo contribuya a arrojar luz sobre una simple necesidad, nunca satisfacerse. Hay que saber que va a haber problemas, que hay que ir más allá. Se debe hacer un ejercicio de crítica constante dentro de la sociedad más próspera, más los Estados Unidos.

Ricardo Lagos: Así es.

Carlos Fuentes: Que se ejerza mucho la crítica en Estados Unidos, felizmente, porque si no el Tea Party se apodera. Pero ahí hay un *New York Times,* hay universidades y todo lo que sostiene una cultura crítica en una sociedad determinada, incluso la de más éxito. Ahora, ¿cómo se mantiene la independencia de la crítica en países en los que, hasta hace muy poco, la crítica no existía o las voces eran patrocinadas hasta cierto punto por el Estado o no las había? En América Latina ya tenemos esas voces pero a veces siento, Ricardo, que están muy desamparadas. Que hay que protegerlas mucho, mucho, y que la gente no acaba de darse cuenta de su importancia. Un ejemplo, el periodismo. El periodismo latinoamericano sufrió un descenso, ¡enorme! Desde la época en que *La Nación* y *La Prensa* en Buenos Aires, *El Tiempo* en Bogotá, *El Mercurio* en Santiago cumplían una cierta función. Ahora casi ha desaparecido la función crítica de la prensa. Se la ha dejado a los intelectuales, a los libros, a la opinión vaga, pero la gran prensa está en *El País*. Todos leemos *El País* para saber qué pasa en Colombia, en Argentina…

Ricardo Lagos: Así es.

Carlos Fuentes: Recrear instrumentos de crítica, instrumentos de información creo que es una de las tareas pendientes para la nueva democracia latinoamericana. No podemos estar esperando qué opina *El País* para saber quiénes somos. Y yo veo en el panorama latinoamericano un descenso abrupto de la crítica de los años treinta y cuarenta a la actual; muy abrupto y muy peligroso.

Ricardo Lagos: Carlos ha hecho una definición en último término de cómo es una democracia. Porque la democracia es un proceso permanente. Por muy perfecto que sea un país, la gente quiere más. A partir de ese país que ya construyó.

Carlos Fuentes: Lo dice un chileno.

Ricardo Lagos: A veces la gente piensa que ya llegamos, que éste es el desiderátum. ¡No señor! Precisamente porque se llegó ahí, ahora hay un desafío mayor. Y respecto al rol crítico al cual tú te refieres de los medios de comunicación, bueno, por algo se dijo que la prensa era un cuarto poder entre el ejecutivo, el legislativo y el judicial, entendiendo por prensa todos los medios de comunicación. Pero a ratos la prensa está muy vinculada a intereses económicos. Intereses económicos que son grandes avisadores, y entonces el grado de autonomía empieza a ser un poco más crítico. Esa vinculación entre el poder económico y el poder mediático es peligrosa porque cuando se produce, ese cuarto poder empieza a dejar de ser independiente, autónomo, y empieza a ser dependiente de otros elementos. Éste es un tema muy complejo y muy difícil. Porque si hay esa gran concentración económica, ¿puede afectar eso a la independencia de los medios? Yo sé que la relación entre el político y la prensa es una relación un poquito incestuosa, porque el político nunca va a estar contento, ya que sus muy brillantes ideas no aparecen con la suficiente brillantez puestas en la prensa, claro, y qué decir si usted es presidente. Oye, uno espera que todos los días digan las cosas buenas que salieron y no las cosas malas que faltan.

Carlos Fuentes: Pues no hablo de la prensa mexicana de los años cincuenta y sesenta… *(Risas)*.

Ricardo Lagos: Es que eso es, ¿no? La chilena a lo mejor algo de eso tiene. Pero lo que quiero decir es que yo entiendo esa lógica y esa relación un poquito tensa. Pero creo que el rol de la prensa es fundamental y ahí está el tema de los nuevos medios de comunicación, de las nuevas tecnologías que cambian un poco la relación a favor de la democracia.

J. C.: Les sugeriría, ya que es concomitante con lo que estaban hablando, que hablaran de la política y el poder económico. ¿Estamos viviendo un periodo de confusiones entre el poder económico y el poder de la política? ¿Son menos claras cada vez las fronteras? ¿Quién pone la agenda?

Ricardo Lagos: El tema de fondo es qué ha ocurrido en la crisis económica. Al comienzo se enfrentó con mucha decisión desde las políticas públicas para reactivar e impedir la caída en los mercados. Después, como ya se dijo, existió una divergencia entre la posición de Estados Unidos y la posición de Europa. En Europa se planteó que el gran problema es la inflación y, por lo tanto, hay que aumentar las tasas de interés y, a partir de ese momento, se vio que los mercados, que el mundo financiero empezaba a mandar sobre la política. Aquí creo que ha habido, desde el punto de vista de los líderes políticos de Europa, una falta de visión porque han renunciado a ejercer el rol que, como dirigentes políticos, tienen que asumir en los mercados. No puede ser que los mercados le pongan la nota a los políticos y les digan: «Señor, le rebajo su triple A y le pongo tal nota». Ésa es, yo diría, la negación de la actividad pública. ¡Y la actividad pública es la que debe poner las notas aquí! Y cuando se dice ahora que los amigos griegos tienen que seguir apretándose el cinturón, ¡por favor! Se les ha hundido en un 25 por ciento, producto de esta política. Y esto es un círculo vicioso. Porque mientras más le exija usted, más cae el producto y mientras más cae el producto, más alta es la deuda respecto a ese producto que está cayendo.

Carlos Fuentes: ¿Y por qué no se previó algo tan evidente como la crisis griega? Qué engaño.

Ricardo Lagos: Porque hubo demasiada ideología. Y yo creo que eso está colocando las cosas en un punto de vista irracional. La Europa que creó el Estado del bienestar a lo mejor está donde está porque el Estado del bienestar fue demasiado generoso. Y como dijo una vez nuestro amigo común Felipe González: «Quizá hay que reducir parte de aquello para mantener la fuerza del Estado del bienestar». Yo eso lo entiendo. El problema de nuestros países es que no tenemos Estado del bienestar, ¿cómo lo creamos? Sin todas las demasías en las cuales incurrió el Estado del bienestar en Europa, por cierto. Pero dicho esto, la relación que hay entre poder económico y poder político yo veo que no se entiende bien. Porque el poder político tiene que establecer las reglas sobre las cuales funciona la economía. Y no al revés. En el caso europeo es obvio. Hay un Banco Central y dieciséis políticas fiscales distintas. Tiene que haber una mayor convergencia, y eso obliga a una mayor integración. O Europa es capaz de acelerar el tranco en materia de integración, o va a haber una crisis mayor. Y ahí sí entran las llamadas de atención que hace Estados Unidos: «Oiga usted, esto puede ser peor que la quiebra del Lehman Brothers» que produjo lo que produjo en el 2008. Y por lo tanto, más cuidado, por favor. Éste es un momento muy, muy definitorio y me parece que si no hay una reacción, el mundo va a entrar en un periodo muy difícil. Y ahí América Latina está mejor preparada para enfrentarlo, no me cabe duda. Pero que nos va a llegar, nos va a llegar.

Carlos Fuentes: Sí, no podemos estar confiados de que no nos va a llegar. Y conocemos a demasiados latinoamericanos que creen que ya la salvaron, ya la hicieron y que América Latina, como no originó esta crisis, está más allá de ella. No es cierto, no sé a quién dar la razón en esta pugna ideológica entre [Christine] Lagarde y [Jean-Claude] Trichet, yo prefiero a Lagarde porque creo que está diciendo la verdad, está advirtiendo y no está consolando. Pero debemos prestar oídos, en América Latina, a lo que está pasando afuera. Yo noto demasiada complacencia, demasiada autocongratulación, no hay suficiente crítica; por el simple hecho de que no originamos la crisis ya nos sentimos contentos pero no nos damos cuenta de que ésta, tarde o temprano, nos va a afectar. Simplemente porque somos parte de un sistema económico globalizado. Se acabó, no podemos volver a sistemas nacionalistas y proteccionistas del pasado. Tenemos que entrarle a la crisis, y a veces nos cuesta. Ahora en Río va a ser importante hablar de todo esto.

Ricardo Lagos: Sí, claro.

Carlos Fuentes: Y sobre todo con estos amigos empresarios que están allí, que veamos que somos parte de esta crisis, no espectadores. Y que si no tomamos medidas internas, cada uno en sus países, la crisis nos va a pegar cuando menos esperemos. Somos parte de ella, a veces no lo admitimos, es lo que a mí me preocupa. Que tantos dirigentes latinoamericanos dicen: «No, no, no, nosotros no, esta vez nos salvamos de la crisis, nosotros somos excepcionales». No, somos parte de un mundo globalizado y nos va a pegar la crisis tarde o temprano.

Ricardo Lagos: Y eso quiere decir que si la crisis afecta fuerte a países como China u otros países asiáticos, que son los que están llevando el pandero, entonces es de esperar que esos países tomen las medidas adecuadas, porque nos ayuda mucho. Hay una interdependencia muy fuerte con China.

CHINA ES MUCHO MÁS QUE VECINA

Les había comentado a los dos interlocutores, Lagos y Fuentes, que evocaran el tema de la presencia, cada vez más imponente, de China en nuestras vidas, y es el escritor quien finalmente le da entrada en la discusión.

Carlos Fuentes: Yo no quiero desviar el tema, pero hablas de China, y a mí me llama mucho la atención el cambio de Mao a Deng Xiaoping y la decisión de hacer un capitalismo autoritario. Y yo me pregunto: ¿hasta dónde es posible llevar a cabo un capitalismo con dictadura? Es posible, pero ¿hasta dónde? Ya estamos viendo manifestaciones de descontento que le plantean un problema político al régimen de Pekín, que es un mundo mimado, Ricardo, todo el mundo quiere a los chinos, quiere tener relaciones, quiere hacer mercado con los chinos, independientemente del sistema político, que nos gusta o no nos gusta. No nos gusta. Pero China está ahí, China es el futuro, China tiene un potencial extraordinario. Hay que ver si China puede ser un país de desarrollo y rico con un sistema autoritario. O si el desarrollo chino conduce a una democracia y en qué condiciones se daría una democracia muy desprestigiada. Porque está asociada al Kuomintang, está asociada al régimen de Chiang Kai-shek, a corrupción, a fracasos terribles, a una China pulverizada. Ahora hay una China unida, una China fuerte y una China autoritaria. ¿Puede ir hacia la democracia este género de autoritarismo?

Ricardo Lagos: Ahora, lo interesante en el caso chino está en la frase aquella de Napoleón: «El día que despierte China, va a temblar el mundo». Ya despertó, está claro. Está despertando con mucha fuerza.

Carlos Fuentes: La frase famosa de Zhou Enlai sobre la Revolución Francesa, «No tengo opinión todavía para poder decir qué me parece». *(Risas).*

Ricardo Lagos: Me falta perspectiva histórica. Pero aquí yo creo que, como tú dices muy bien, Carlos, es notable el cambio de Mao a Deng Xiaoping, la forma en que se dirigen los distintos mandatarios a Deng Xiaoping y la forma como han establecido la sucesión en el poder. Está Deng Xiaoping, luego llega Jiang Zemin y le toman las medidas, primero va a ser el secretario general, después va a ser el presidente, y después, más importante, va a ser el jefe de las fuerzas armadas. Y ya se sabe que después va a ser sucedido por Hu Jintao del mismo modo, hasta que asuma los tres cargos. Y ahora ya está claro que, en el 2012, cuando Hu Jintao cumpla dos periodos presidenciales de cinco años, viene el reemplazo. Y ya se sabe quién es, ya ha visitado varios países del mundo en su rol de futuro presidente. Esto es el Partido Comunista; en los congresos que hace resuelve por lo menos con uno o dos años de anticipación quién va a ser el sucesor. Esto es, han logrado establecer un sistema de rotación en el poder que nace desde los cuatro o cinco millones de militantes, si vamos a suponer que en el interior del partido funciona la democracia, ¡en un país de mil trescientos millones! Y en consecuencia, han logrado establecer una forma de programación futura de sus cambios de liderazgo. Ésta es una cosa, a mi juicio, inédita.

Carlos Fuentes: Casi, casi, el triple, pero no tanto.

Ricardo Lagos: Eso es una forma un poquito colectiva de hacer un «dedazo». Es un «dedazo» más colectivo. Pero que les ha funcionado. Entonces uno se pregunta, como dice Carlos, ¿es posible mantener un sistema económico de estas características con un sistema políticamente tan peculiar? Ahora, ellos son conscientes. Nosotros hablamos de cohesión social. Ellos hablan de sociedad armoniosa.

Carlos Fuentes: Muy chino.

Ricardo Lagos: *An armonious society.*

Carlos Fuentes: Como la que quería Confucio.

Ricardo Lagos: Es que hay mucho de lo que están haciendo ahora en donde Confucio reaparece, yo no diría reivindicado, porque nunca fue defenestrado, pero creo que se atiende más a sus enseñanzas. Y cuando te hablan de una sociedad, ¿qué te están diciendo? Te están diciendo que en la China, todos tienen que crecer y los pobres tienen que tener preferencia.

J. C.: Carlos, hay una pregunta que se hace Lagos que parece hecha para ti, dice: ¿de qué hablarían Confucio y Platón?

Carlos Fuentes: Mira, es que estamos hablando de dos pensadores de lo ideal, no de lo pragmático. Yo me plantearía de qué hablarían Confucio y Aristóteles, que era un hombre que tenía mucho más los pies en la tierra que Platón. El mundo de Platón…

Ricardo Lagos: Es *platónico* todo… *(Risas).*

Carlos Fuentes: El lenguaje *platónico*. Son esencias, la realidad es una caverna sobre la cual los hechos exteriores lanzan sombras y no podemos conocer más que las sombras, no sabemos otras cosas. Y el confucionismo es una filosofía de la paciencia, de aguardar, las cosas sucederán pero si no las violentamos, si tenemos paz interior... es decir, son dos filosofías muy gemelas. Y no pertenecen al activismo propio de las filosofías occidentales. Son hermanos, se quieren mucho, pero no son antagonistas. Yo prefiero, en política y filosofía, el antagonismo. Prefiero que haya posiciones contrarias y debate en medio. Y no el acuerdo general. El acuerdo general lo viví porque fue impuesto por el PRI en México. No había una noticia mala en la prensa mexicana, no se hablaba de ningún problema y los problemas se acumulaban, en consecuencia. Con mis amigos, cuando tenía yo treinta años, publiqué una revista llamada *El Espectador*. Era una revista que no tiraba más de quinientos ejemplares, pero el gobierno de López Mateos nos destruyó la imprenta, prohibió la revista; la financiaba Jesús Silva Herzog abuelo, el viejo; nos daba dinero para hacer esta revista crítica. Ni eso toleró el gobierno. Quiero decir que busquemos más bien los pensamientos en conflicto. Los pensamientos antagónicos. Que es la única manera de llegar a la virtud mediana, ¿verdad?

Ricardo Lagos: Claro.

Carlos Fuentes: Porque si uno está totalmente del lado de la negación, que es Hitler, por ejemplo, o totalmente del lado de Confucio o Platón, que es el pensamiento abstracto, no adelantamos mucho. En cambio, donde existe encuentro, conflicto, divergencias, hay libertad y hay otros quilombos. Creo que es una diferencia importante que hay que hacer en la filosofía, y en política también. Un régimen totalmente unificado por el autoritarismo como es el régimen chino en la actualidad, como fue el PRI en México, acaba por destruirse a sí mismo.

Ricardo Lagos: Así es.

J. C.: ¿Qué trae China a Occidente, qué le podemos dar? ¿Alguna vez puede haber una conciliación entre lo que nosotros pensamos que son los derechos humanos y lo que los chinos piensan que son los derechos humanos?

Ricardo Lagos: Nosotros somos herederos de la cultura occidental y, por lo tanto, somos tributarios de esa cultura, y lo que sí hemos ido aprendiendo es que esta cultura occidental, de la cual también estamos orgullosos, no necesariamente tiene valores universales tributarios de otras culturas. Y por lo tanto, cuando en el mundo asiático hablan de derechos humanos, están entendiendo cosas un poquito distintas. Y eso tiene que ver también con cómo ellos entienden el ordenamiento de la sociedad; y de ese ordenamiento de la sociedad, no necesariamente el que más da es elegido democráticamente (como nosotros entendemos la democracia de equis millones de ciudadanos que votan). Entonces no es que ellos estén en contra de lo que nosotros hacemos, sino que simplemente nosotros estamos acostumbrados a organizar la sociedad de una manera un poco distinta. Y de ahí lo que dice Carlos con tanta propiedad de Confucio, porque si en la sociedad de Confucio no hay antagonismo, si en la sociedad que tenemos no hay antagonismo, ¿quién resuelve? ¿Quién manda en la sociedad? ¿Tienen legitimidad los cuatro millones de militantes del Partido Comunista Chino para resolver en una sociedad de mil trescientos millones? Nosotros decimos, desde nuestro punto de vista occidental: «No, porque hay que consultarlos a todos». Pero ellos están en condiciones de decir que si se consulta a todos la sociedad va a dejar de ser armoniosa. Ése es el tema, el momento en que uno dice: «Aquí hay una muralla china». Muchas veces la muralla china no era para evitar que hubiera invasiones, sino para evitar que llegaran otros a disfrutar de lo que ellos ya habían logrado tener adentro. Y por lo tanto, hay una manera distinta de pensar. Si yo abro, me llegan los «bárbaros» que son los pueblos que están más allá de la muralla. Hay que entender el tema chino a partir de su forma de pensar y su manera de ordenar la sociedad para que sea armoniosa. Si se llega al extremo de Tiananmen, hay que levantar la voz, porque ahí hay un punto muy esencial que dice: «Hemos aprendido». A nosotros no nos gustó cuando China no unió su voz para protestar contra la dictadura de Pinochet. Entiendo que hay relaciones de Estado a Estado, pero no por eso vamos a vivir en un mundo en que las violaciones a los derechos humanos no nos obliguen a levantar la voz. Porque yo creo que si algo queda como enseñanza del siglo XX para el siglo XXI es que cuando hay un genocidio hay una responsabilidad de proteger para que no se siga produciendo; y en esa responsabilidad de proteger, un punto a favor de China es que cuando se planteó el tema de Libia no vetaron en el Consejo de Seguridad. Ahí China aceptó el argumento occidental porque había un dictador ametrallando a su mismo pueblo. Las dos concepciones filosóficas son como círculos separados, pero hay un punto en que se superponen, que es en la responsabilidad de proteger. Creo que ésta es una buena influencia de Occidente sobre Oriente.

Carlos Fuentes: Aquí hay algo muy importante que se llama la Declaración Universal de los Derechos del Hombre, y que se aplicaría idealmente a todo el mundo. Y hay algo muy interesante que acaba de pasar y son los movimientos revolucionarios de África del Norte. Porque ahí no intervino Occidente. Y sin embargo, tunecinos, egipcios y luego libios (bueno, en Libia sí intervino Occidente pero en Túnez y Egipto no) elaboraron una idea de lo que era la democracia que no es muy distinta de la nuestra y la aplicaron, y tumbaron dictadores y crearon regímenes nuevos. Entonces yo me pregunto si no hay un valor universal, o valores universales de los que habla la declaración de la ONU que se aplican indistintamente de la variedad de las culturas, que son valores políticos objetivos; como la democracia, que es un valor político objetivo, sabemos lo que significa: respeto a la opinión ajena, pluralismo, elecciones, todo esto. Todo este aparato de respeto a la dignidad humana, respeto a los derechos humanos, creo que los tunecinos y los egipcios, y después los libios, lo entendieron muy bien, a pesar de las diferencias de las culturas que, al mismo tiempo, revelan la existencia de una cultura común que yo me atrevería a llamar, en este caso, la cultura mediterránea. De repente, el Mediterráneo se ha unificado, prácticamente todos los regímenes del Mediterráneo son democráticos. Y las tres religiones —cristianismo, judaísmo, islam—, los tres monoteísmos se han dado la mano a través de la política democrática. No están separados por su fidelidad, están unidos por lo que esa fidelidad tiene en común con las otras. Eso es un hecho mayúsculo. Porque durante cuánto tiempo hemos dicho que Egipto está condenado a tener a Hosni Mubarak, que la elección de Libia se va a quedar ahí eternamente, que Túnez es una *backwater*. No, no, no, eran parte de una cultura que hicimos entre todos. Esto nos ha recordado de dónde venimos, qué hemos hecho juntos, qué nos pertenece. A mí me parece importantísimo que por lo menos el Mediterráneo, y algún día el Caribe, espero, tengamos este reconocimiento en este origen de nuestra cultura común que nos falta, quizá, en América Latina. Porque somos muy conscientes de tener muchas cosas en común pero, al mismo tiempo, tenemos mucha conciencia de lo que nos separa.

Ricardo Lagos: Es que, en último término, en el Mediterráneo renace Cartago, renace Alejandría…

Carlos Fuentes: Ahí tienes, Cleopatra, que lleva a los gatos a Roma, porque ¿cómo se combate a los ratones? Con gatos egipcios.

Ricardo Lagos: Exactamente. Así es cómo se van fertilizando las culturas. En ese contexto yo creo que el mundo musulmán, las enseñanzas de Mahoma, están dentro de la cultura occidental. Porque los amigos de Mahoma estuvieron durante ocho siglos en la península Ibérica, de donde vienen buena parte de nuestros ancestros.

Carlos Fuentes: Y rescataron a Aristóteles. Estaba olvidado por la Edad Media, y gracias a los árabes se redescubrió. Es que lo que la cultura árabe le dio a Europa y al mundo y a nosotros, a través de esa permanencia en España, es gigantesco, no lo podemos olvidar. Aquí hay dos hechos fundamentales para la cultura de hoy que vienen de España. Uno es Alfonso X el Sabio, acepta un círculo de consejeros judíos, hebreos, que le dijeron: «¿Por qué escribe usted las leyes en latín? Escríbalas en castellano para que las entienda todo el mundo». Ése es el consejo de los judíos de la corte. Y dos, el mundo árabe en España; qué barbaridad, está desde el «olé» en los toros, está en el flamenco, está en la arquitectura y el alma de los andaluces.

Ricardo Lagos: ¡Y en la lengua! Ni decirlo.

Carlos Fuentes: Y en la lengua, donde arroz, alfaguara y todo lo que empieza por *a*, prácticamente, viene de ahí, de la cultura de los árabes que vinieron a España…

J. C.: Como almidón.

Ricardo Lagos: Como almohada.

Carlos Fuentes: Limón, naranja… El 30 por ciento de nuestra lengua es de origen árabe también. De manera que está dada ya la reunión de las culturas. Yo rechazo lo que las separa. Me parece que si echamos la mirada atrás, nos damos cuenta de todo lo que nos une, de lo que nos debemos los unos a los otros, de que somos lo que somos porque otros han sido lo que han sido, y nos han dado y les hemos dado algo a ellos también. Y España es el mejor ejemplo de todos.

Ricardo Lagos: Sin duda.

Carlos Fuentes: Y en consecuencia, a los hijos de España en América, además, se añade el indigenismo y la negritud, mestizos y mulatos. A mí me parece que es el mundo del futuro, un mundo mestizo, pluralista, que reconoce muchas raíces culturales y no una sola. Veía un documental anteayer sobre la manera en cómo la Gran Bretaña ha visto al Tercer Mundo a lo largo de noticieros y documentales. Primero están los salvajes, todos son salvajes; luego hemos ido a redimir a los salvajes, hemos civilizado a los salvajes; ves a unas pobres negritas que van a la escuela, ya están civilizadas. Hasta que llega un momento en el que se les atribuyen méritos propios, no es lo que nos deben a nosotros, sino lo que ellos son. Pero para hacer eso tomó un siglo, tomó mucho, mucho tiempo. Y yo creo que vamos hacia esa universalización de los valores que va más allá de razas, lenguas, historia… A pesar de que la gente más reaccionaria del mundo se está rebelando. Estamos viendo quiénes son y qué hacen, son racistas, son xenófobos, pero están aislados, son ya como bichos raros en un mundo que camina en otra dirección. Pero existen, y además están dispuestos a ganar esta batalla. Timothy McVeigh en Oklahoma City y del otro lado, los que bombardearon las Torres Gemelas. Hay estos extremistas de ambos lados que no quieren un mundo que se entienda a sí mismo, no quieren que nos entendamos los unos a los otros, sino que nos matemos en nombre de ideologías religiosas o políticas. Estamos en un mundo lleno de promesas, pero en un mundo también lleno de peligros.

LA FUERZA ANCESTRAL (Y ACTUAL) DEL INDIGENISMO

J. C.: Después de lo que ha dicho Carlos Fuentes, a lo mejor es el momento de que ustedes aborden el asunto de los indígenas. El indigenismo.

Ricardo Lagos: Bueno, yo creo que a partir de lo que acaba de decir Carlos, el tema del indigenismo ha cobrado mucha fuerza. Se ve, por ejemplo, cuando se va a celebrar algún campeonato en Nueva Zelanda y los maorís juegan un rol muy importante en su inauguración porque son los habitantes primitivos que estaban ahí cuando llegaron los ingleses. Y hay un *revival*, por así decir, de atención hacia esa cultura, que tiene que ver con lo que tú acabas de decir, Carlos. El avance del ser humano consiste en aprender a valorar la diversidad y la diversidad deja de ser un elemento negativo y pasa a ser un elemento positivo: «Estoy orgulloso de mis ancestros que estaban aquí antes de que llegaran los míos». Se tiene del indigenismo una percepción hoy día distinta a la que había antes, precisamente por la valoración de la diversidad, de que haya mayor riqueza cultural en cualquier sociedad. Esa redefinición de la diversidad habla de un ser humano que está mucho más abierto. El hecho de reivindicar la cultura aymara del norte de Chile no es porque queremos reivindicar algo que nos es ajeno, simplemente entendemos que reivindicando aquello enriquecemos la sociedad chilena. Y lo mismo ocurre con la mapuche más al sur. Y esto es un tema que tiene mayor fuerza con los movimientos indígenas como tales. El movimiento indígena tumbó a algunos presidentes en Ecuador. Y de repente ahora, con Correa, hay también sectores indígenas que están molestos con lo que ha hecho el actual presidente, que llegó allí, entre otras cosas, interpretando al mundo indígena. Algunos han dicho que aquí podría haber una suerte de levantamiento indígena de la cordillera de los Andes, por el antiguo camino del inca, que iba por el altiplano, y no por el pegado a la costa. Creo que se exagera, pero sí creo que en esos países, léase Ecuador, Perú, Bolivia, Chile…, el indigenismo es un tema que requiere atención, porque no basta sólo con mejores condiciones materiales de vida. Lo que plantean en el fondo es el respeto a su cultura, a sus ancestros y eso, a ratos, al resto de la sociedad le cuesta entenderlo. Porque es distinta la situación indígena en Chile que en Perú, en términos de números. Pero precisamente cuando los números son menores, la tensión tiene que ser mayor porque si no aparecen como minorías segregadas del país. Es distinto en Perú, donde la minoría aymara habla su lengua y no el español y, por lo tanto, exigen respeto por el número; acá se exige respeto y se aprende a respetar porque la diversidad de culturas que ellos tienen enriquece a la sociedad de la cual forman parte. Y creo que ésa es la gran enseñanza del indigenismo hoy día: que son capaces de tener progreso, y que ese progreso también los incluya, respetando su cultura.

Carlos Fuentes: Ése es el problema, y hablo como mexicano, porque allí los regímenes han sido muy hábiles en proclamarse proindígenas, en valorar la cultura indígena que existió, y en qué forma. Mayas, toltecas, aztecas, hay una extraordinaria tradición cultural que los gobiernos han valorado a expensas de la cultura hispánica, lo que es muy curioso, porque hablamos español, pensamos en español pero le damos la razón a los indios, aunque se la quitemos en la realidad. Prehistóricamente el indio tenía razón, el indio creó una gran cultura, el indio fue conquistado; Cortés no tenía razón, Cuauhtémoc sí; eso son mentiras, pero son parte de la legitimación del Estado mexicano: exaltar mucho lo indígena, a expensas de lo español. Yo creo que ha llegado el momento de empezar —y hablamos antes de esto con motivo de la migración republicana hacia México— a valorar nuestra herencia española y a darle razón a tres siglos de nuestra existencia. Es la colonia, la Nueva España, lo que no valoramos. Parece que saltamos de la caída en el Tenochtitlán al cura Hidalgo y su bandera con la Virgen de Guadalupe, y que en medio no hubo nada. ¡Hubo muchísimo! Los mejores gobiernos que hemos tenido son los virreyes.

Ricardo Lagos: Eso es muy importante. En el tema indigenista hay también que poner atención a qué indigenismo había en el momento de la llegada del español, porque uno ve la cultura maya, o la cultura tolteca de ustedes, y tienen un desarrollo espectacular respecto de lo que uno ve en nuestros países, por ejemplo, donde la cultura mapuche no se compara. El imperio de los incas llegó y conquistó parte de lo que hoy es Chile hasta prácticamente el [río] Bío Bío; hasta ahí llegó pero no dejó una huella porque estaban los inicios de esa conquista. Por lo tanto, yo diría que la riqueza indígena de un México o de un Perú no se compara con la riqueza indígena que tuvieron otros territorios de nuestra América Latina, en donde el desarrollo indígena fue mucho menor desde el punto de vista de su cultura, de su civilización, de lo que ellos tenían. Entonces, la forma en que tratamos la colonia pasa a ser distinta. En Santiago, por ejemplo, lo normal es una gran estatua en la plaza de Armas a Pedro de Valdivia.

Carlos Fuentes: Pedro de Valdivia. No hay una estatua a Hernán Cortés en México.

Ricardo Lagos: A eso me refiero. Rendimos homenaje a Pedro de Valdivia, a la amiga con quien llegó, Inés de Suárez. Y estamos hablando de una amiga que enfrentó el primer 11 de septiembre en la historia de Chile. Porque fue un 11 de septiembre cuando se produjo la rebelión indígena. Valdivia no estaba en Santiago, estaba en el sur y había tomado presos a varios caciques. Los españoles vieron que iban a ser copados por los indígenas y ella tomó la decisión de cortarles las cabezas a los caciques que estaban presos y tirarlas fuera de la empalizada de la ciudad de Santiago, para que entraran y se asustaran. Y sobrevivió Santiago. Ahora, no obstante aquello, Inés de Suárez tiene los respetos habidos y por haber. ¿Te das cuenta de que es un mundo muy distinto? Y voy a agregar algo más, el ejército de Chile se considera anterior a la República de Chile porque los indios combatieron a los españoles siempre. Y está la famosa frase de que «ni en Flandes he perdido tantos soldados españoles como en ese país llamado Chile»; el único ejército profesional que tuvo España en América Latina lo tuvo en la ciudad de Concepción. Venían profesionales que habían estado en la guerra en Europa y los mandaban a pelear con los indígenas, ése fue el origen del ejército en Chile. Esa relación, la colonia, se enseña con mucho detenimiento en nuestros establecimientos educacionales. Y que el padre de la patria fue Bernardo O'Higgins.

Carlos Fuentes: Era hijo de Ambrosio.

Ricardo Lagos: Hijo de Ambrosio, hijo natural, porque Ambrosio padre pasó por Chillán, donde había una hermosa chillaneja, doña Isabel Riquelme; pasó lo que pasó e Isabel Riquelme dio a luz al futuro padre de la patria de Chile. Mientras, a don Ambrosio lo mandaban de virrey al Perú. El mundo indígena, dicho sea de paso, siguió luchando después de la independencia de Chile. Y se consideró dueño de su territorio al sur del Bío Bío. Y cuando las tropas chilenas, tras ganar la guerra del Pacífico en el 1879, regresan en el año 1881 a Santiago, en ese momento el ejército victorioso y el gobierno de la época deciden que era el momento de pacificar la Araucanía. Y por pacificar se entendió invadir y derrotarlos. Vamos a ser claros. Ésa fue la razón por la cual Chile tomo la posesión de ese territorio. Y los indios, cuando llegó el rey Juan Carlos, ahí por 1990, pidieron una entrevista con él y le dijeron: «Señor rey, le pedimos que haga cumplir lo que firmaron sus antecesores, nos reconocieron que las tierras al sur del Bío Bío eran nuestras y llegaron estos chilenitos y nos la quitaron». Digo todo esto porque el indigenismo está de vuelta. Y por lo tanto, en el caso nuestro, la derrota final a los indígenas se produjo en la república, y no en la colonia, y eso hace entonces que la relación colonia-república sea distinta de la que existe en México.

Carlos Fuentes: Muy distinta.

Ricardo Lagos: Pero allá y acá, allá con mayor razón, por cierto, el indigenismo está de vuelta. Allá, como tú bien dices, la revolución se apropió de lo indígena, en la república nunca ocurrió aquello, al contrario, se masificó. Eso es lo que hace que ahora tengamos un proceso de devolución de tierras, y la forma de hacerlo es comprarle la tierra al huinca, como dicen ellos, al hombre blanco. Pero entregar la tierra no es sólo eso porque hay que enseñar a cultivarla. En el censo del 1992, en Chile apareció un número de indígenas infinitamente menor que en el 2002, y seguro que en el 2012, cuando se haga el próximo censo, se va a mantener un número muy alto que se reconoce como descendiente indígena. El restablecimiento de la democracia significó poner atención al problema indígena y, por lo tanto, muchos hoy día se sienten orgullosos de decir «desciendo de indígenas y exijo mis derechos como tal». Y esto no existió antes, esto vino de ahora.

Carlos Fuentes: En México, realmente se trató de incorporar a la nacionalidad a todos, en un país mayoritariamente mestizo. Había además un mensaje político, porque Porfirio Díaz, aunque era de sangre en parte indígena de Oaxaca, cometió atrocidades inenarrables. En la guerra de mayo mató indios que dio gusto, mandó indios caminando desde Sinaloa hasta Yucatán para que se fueran muriendo en el camino, ¡una distancia enorme! Llevó chinos para que se casaran con indios y perdieran la raza, unas cosas atroces. Una cosa que no se ha estudiado bastante es hasta qué grado el campesino indio mexicano se levanta en armas y percibe aquello como una injusticia contra ellos. No sólo la democracia que pedía Madero, sino una violación de derechos, que eran naturales a los indios, por la dictadura de Porfirio Díaz.

J. C.: Hay esta frase en tu libro sobre la gran novela latinoamericana, Carlos, respecto a los indígenas: «Ol-

vidarlos es condenarlos al olvido de nosotros mismos».
Y en sus sugerencias para esta conversación, el presidente Lagos evoca qué pasó en Chiapas, qué significó aquella rebelión. Sin duda es Carlos Fuentes quien debe evo-
car qué pasó.

Carlos Fuentes: Yo almorcé en mi casa con el presidente Salinas y Jorge Castañeda el 20 de diciembre de
1993, poco antes de la revuelta de Chiapas, y yo no sé
si era cierto o falso, pero el presidente se sintió en la
obligación de decir: «Todo va muy bien, los otros gobiernos tuvieron fracasos al final, el último año fue mal
año de casi todos los gobiernos anteriores, yo salgo en
la gloria, a mí todo me salió bien, por fortuna». Y nosotros: «Qué bien, presidente, excelente». Diez días
después, Chiapas.

Ricardo Lagos: Chiapas. Le explotó todo en la cara.

Carlos Fuentes: Le explota todo. Yo creo que lo sabía,
no puedo creer que no supiera que algo pasaba en Chiapas. El hecho es que la percepción que México tenía de
sí y la percepción que tenía del gobierno cambiaron ese
primero de enero. Estábamos en mi casa celebrando el
fin de año y hay un levantamiento en Chiapas. Hay un
tipo que se llama Marcos, el subcomandante Marcos.
Y algo que arroja una enorme sombra sobre la historia
oficial de México, pero que en virtud del proindigenis-
mo intrínseco al gobierno mexicano y sus instituciones,
fue absorbido. Hoy nadie habla de Marcos, nadie habla
de Chiapas, y el problema indígena es visto con más
complejidad porque se reconocen todos los valores del
mundo indígena, que son muchos. Pero también nos
hacemos la pregunta de qué es lo que prefiere una mujer indígena, lavar en el río con las piedras o tener una
lavadora automática. Por qué se tolera el maltrato a las

mujeres en el mundo indígena. Por qué se tolera la superioridad implícita del jefe y del hombre en el mundo indígena. Una serie de cosas que no se compaginan con la democracia. Entonces, ¿cómo respetar los valores del mundo indígena, que están ahí, y sin embargo, rechazar los defectos del mundo indígena que también son muy visibles? Pero el hecho en México es que el mundo indígena desaparece, se muere. El país es un país mestizo, es su vocación, su realidad. Lacandones, cuando yo era joven, había cien, ¡hoy quedan cinco en las selvas del sur de México, por decir un número! Es un hecho, México va a ser un país mestizo, lo es y lo va a ser con más razón.

J. C.: Ese país mestizo del que se habla en la placa que se lee en la plaza de Tlateloloco...

Ricardo Lagos: La plaza de las tres culturas.

Carlos Fuentes: Pero está también [Fernando] Benítez que trató mucho el tema de los indios, en seis tomos, en *Los indios de México,* un libro muy interesante. Señala como hay un indio que dice: «Mi propia gente me pega y me maltrata porque hablo español».

Ricardo Lagos: Claro, claro. Ahora bien, el tema entre los valores democráticos y el renacimiento o reconocimiento que hoy día tiene el mundo indígena es complejo.

Carlos Fuentes: Y tan complejo.

Ricardo Lagos: Porque, claro, uno trata con caciques o loncos, como se dice en Chile. Pero hay que saber si la elección del lonco es una decisión de la comunidad o porque es el más anciano, o porque es hijo de otros loncos. Es decir, hay que ver cómo aplicamos las normas democráticas en esa cultura.

Carlos Fuentes: Ahí tienes. Ése es el tema.

Ricardo Lagos: Cuando se dice: «El trato que el indio le da a la india es un trato que está acorde con nuestras concepciones de maltrato del hombre a la mujer», ahí hay elementos muy complejos.

ESTÁ CLARO:
EUROPA SÍ QUE YA NO ES LO QUE ERA

Estábamos en Londres, esa parte esquinada de Europa, y en el esquema de la conversación que habrían de tener estos dos grandes interlocutores latinoamericanos estaba, cómo no, Europa. El moderador les recordó una anécdota que contó hace años, en Tenerife, el pintor conquense Gustavo Torner. Estaba el artista en Tokio, y durante meses estuvo buscando en la prensa japonesa una referencia a España. No hubo. ¡Pero es que de Europa tampoco salía nada! Los europeos nos creemos el centro del mundo, hasta que hemos sabido que el centro, por ejemplo, está en América. ¿Cómo ven ahora, que se desmorona en pesadilla, el sueño de Europa? Comienza Fuentes.

Carlos Fuentes: He leído el libro de Jeremy Rifkin, *El sueño europeo*. Y hay varios libros diciendo que Europa es la cabeza del mundo, que ha dejado todo atrás, que los Estados Unidos se han quedado atrás, que Europa resolvió los problemas principales, que tiene un porvenir brillante, que es una comunidad en que a todo el mundo se le va a dar lo que se le debe dar... qué sé yo. Una apología de Europa que está en varios libros de mucho éxito de la época y que hoy suenan muy discutibles. Muy discutibles. Qué pasó en Europa, que es parte de nuestra cultura, nos importa mucho. Pero ya no es esa promesa prácticamente inalcanzable que era hace diez o veinte años. Hoy es un continente en crisis. Y a nosotros que, como decíamos hace un momento, originamos crisis nos da mucho gusto que las crisis se organicen en otra parte y que venga lo que parece ser una división muy clara entre una Europa más rica y una Europa menos rica, más problemática. Léase Irlanda, léase Portugal, léase Grecia y por qué no, Italia un día, España al otro. Disturbios en Inglaterra, un descenso extraordinario del poder de Inglaterra en el mundo y en la propia Gran Bretaña. Qué va quedando: Alemania, un poco Francia, y Europa ya no es ese espléndido objetivo que teníamos en nuestras cabezas hace unos años apenas. ¿Qué ha pasado?

Ricardo Lagos: Bueno, nosotros hemos sido tan dependientes de Europa, durante tanto tiempo, en lo intelectual; dependientes en el buen sentido de la expresión. Decíamos: «Bueno, percibimos allí una civilización, una cultura lo suficientemente desarrollada que es un modelo digno de imitar». Nadie puede imitar si no es con el tamiz de su propia realidad. Pero las instituciones que crea Europa despiertan admiración no sólo de nosotros, sino de muchos. Muchos de los partidos políticos de América Latina son tributarios del pensamiento europeo. Y por lo tanto, cuando se forma el Mercado Común, la Unión Europea, los acuerdos de Maastricht, se producen acuerdos en lo económico y tras esto en lo social... Entonces da la impresión de que es un edificio que se está completando de una manera digna de ser estudiada, aprendida y asimilada en lo posible. Ahora, cuando uno ve lo que pasa en Europa hoy, uno dice: «Bueno, cómo, si éste era el modelo». Ahora, yo entiendo que a lo mejor es que hay que distinguir distintas

Europas, las Europas del Mediterráneo de las otras Europas. No quiero hacer el chiste de las otras Europas, pero las Europas del Mediterráneo tienen características distintas a las del norte, y para qué hablar de los países escandinavos, que también son otras realidades. Yo creo que si Europa no enfrenta bien esta crisis, puede producirse una ruptura de tal envergadura en la Unión Europea al desaparecer el euro que se pone en cuestión todo. Y ése sí que es un punto de no retorno. Yo creo que esta crisis va a obligar a que Europa se ordene más y se integre más todavía. Ahora, que a lo mejor construyeron un Estado del bienestar demasiado generoso para lo que eran las potencialidades productivas de Europa. Y eso, claro, se paga caro. Pero igual Europa sigue siendo, a pesar de todo, desde el punto de vista de la fuerza de las ideas, una propuesta muy potente. Desde nuestra particular visión occidental decimos que hay dos grandes modelos en el mundo: el modelo de Europa y el modelo de Estados Unidos. Pero se nos olvida Asia. Y más allá de eso, yo diría que hoy Europa pasa por un trance muy difícil, aunque quiero creer que este trance los va a obligar a una mayor integración para poderlo superar.

Carlos Fuentes: Ojalá. Hay signos malos, el asesino noruego es muy preocupante. Ese que mata a sesenta personas. De manera que hay signos de perturbación europea bastante grandes en este momento. Como lo prueba este asesino. Y como lo prueban los disturbios de Londres. Yo estaba en Londres cuando pasó esto. Y había que tener el ojo muy claro y la mente fina para distinguir a las pandillas que se movilizaron hacia los lugares de turbulencia, que son criminales, de los jóvenes que no tienen oportunidades. Porque el gobierno conservador les ha quitado muchas oportunidades que les había dado el laborismo. Ahora sienten que no tienen acceso a la educación, que eso se cerró, que las viviendas son malas, que todo lo que prometía antes un ascenso para los jóvenes ingleses se está cerrando. Miliband lo vio muy claramente, no tanto Cameron. Al principio Miliband se sumó a la repulsa de la violencia en la Cámara de los Comunes, pero luego hizo distinciones. Aquí hay un problema muy grave de familias, de jóvenes, de estudiantes, a los que no les estamos dando las oportunidades que merecen. Y se van a la calle y hacen estas cosas porque no tienen escuelas adonde ir, no tienen universidades abiertas a ellos y eso habla de un quiebre de la sociedad británica y del *welfare state*. Básicamente había un sentido de inconformidad con la situación actual de Inglaterra, un deseo de poder estudiar, de poder trabajar, y tú, sociedad, no me lo das, me lo estás quitando. Esto es muy grave en una sociedad adelantada como Inglaterra y deja un descontento que afecta a la idea de una Europa generosa, estable, unida, de la que hablábamos antes, y va a haber que reconstruirlo sin dejar fuera a los países más pobres de Europa. Yo no sé qué papel va a jugar ahora la señora Merkel, pero es muy importante en todo esto. Y lo que necesitamos en América Latina es una Europa, como acabas de decir, Ricardo, en la cual confiar, en la cual tener un sistema de cooperación, de emulación inclusive. Pero hago una distinción importante en el aspecto cultural, y esto lo digo como escritor, Europa no tiene casi escritores.

Ricardo Lagos: Así es.

Carlos Fuentes: La cultura francesa que prevaleció en nuestros países en el siglo XIX ya no existe. Es una cultura muy mediocre, muy secundaria, no tiene ningún escritor importante y, es más, las literaturas ya no se pueden concebir desde un punto de vista nacional, se conciben a través de escritores individuales. Alemania tiene a Günter Grass, África del Sur tiene a Nadine Gordimer, España tiene a Juan Goytisolo e Inglaterra tiene a Julian Barnes, pero no reflejan como antes la literatura inglesa, la literatura española, la literatura francesa... ese concepto se acabó. De una literatura general atribuible a un país, lo que se atribuye es el mérito a un gran escritor individual. Ése es un gran cambio, me parece, que tiene mucho que ver con la cultura europea que ya no es capaz de generar estas constelaciones, que antes nos impresionaban mucho. Ya no. Poca gente mira hacia Europa culturalmente, nos ofrece figuras individuales, pero no el conjunto aplastante que era digno de emulación y de admiración hace cuarenta o cincuenta años.

Ricardo Lagos: Será que el mundo periclitó para Europa. O que Europa periclitó para el mundo, ¿eh, Carlos? Antes, en un momento mencionamos varios músicos que florecían con mucha fuerza. Y yo no sé si es ignorancia de uno de no conocer a los actuales, pero da la impresión de que no están fluyendo con la fuerza que fluyeron en los siglos XVIII y XIX.

Carlos Fuentes: No, no es comparable. Hay talentos individuales muy grandes, pero ya no hay una constelación, un conjunto como lo había en siglos pasados y en el siglo XX, desde luego. Es otra cosa muy distinta. Pero eso nos da grandes oportunidades a nosotros, porque en la literatura es claro que el centro se ha desplazado del predominio europeo, muy claro en el siglo XVIII y principios del XIX, al predominio ruso la segunda mitad del XIX, Dostoievski y Tolstói, y de ahí al predominio norteamericano a principios del siglo XX, y a un cierto predominio latinoamericano en la segunda mitad del siglo xx. Pero no se puede juzgar por regiones ya, se puede juzgar por escritores, por artistas, individualmente. Ésa es la gran diferencia. Que esto ha dejado de tener una resonancia nacional o incluso continental. García Márquez es importante no por ser colombiano o latinoamericano, sino porque escribe muy bien y es admirado como tal y nadie se pregunta, sino muy en segunda instancia, si es o no colombiano. Nosotros lo sabemos y lo apreciamos, pero cuando Mia Farrow le dice a Woody Allen, en alguna película de éste: «¿Has leído a García Márquez?», la referencia colombiana ya no importó, ¿verdad?

Ricardo Lagos: Por supuesto. Objeto universal.

Carlos Fuentes: Es un escritor universal, transcrito a cuarenta lenguas, por Dios. Es nuestro, de América, pero es del mundo Gabo.

Enseñar, aprender ¿Y luego qué?

J. C.: En ese contexto, ¿qué tal si introducimos ya el tema de la educación, que planteaba aquí el cambio de la universidad en el último siglo? También sugería Fuentes lo que pasaba en Inglaterra, lo que pasa en España, y es que los chicos estudian, pero luego no tienen oportunidades. Es decir, la universidad sigue funcionando pero la consecuencia de lo que hace la universidad la sociedad no lo disfruta, porque no hay empleo para los chicos. La universidad y sus cambios. Se aleja la educación superior gratuita, abierta, con igualdad para todos los capaces de llegar a ella. Está más cerca del lucro o del autosostenimiento que nunca. Puede empezar el presidente Lagos, que fue ministro de Educación.

Ricardo Lagos: Lo que yo creo que ocurre en América Latina en general, respecto al tema educacional, es que durante todo el siglo XX el tema fue de lucha por la cobertura. Y por lo tanto, el esfuerzo era saber cuántos de esta cohorte de edades están en la universidad. El 10 por ciento, el 15 por ciento, el 30, 40, 50 por ciento; yo creo que América Latina, en sus países más grandes, de mayor desarrollo, tiene hoy prácticamente un cien por cien de cobertura en enseñanza básica, y ya muchos países se acercan al cien por cien de cobertura en media, y esas cifras son comparables a Europa. La diferencia está en el mundo universitario. Una cosa es tener cobertura y otra cosa es tener calidad educacional. Son dos mundos distintos. Pero sí me parece que en el desafío posterior, el de la enseñanza en tercer grado o en cuarto grado si aceptamos el posgrado, es donde hay una diferencia sideral entre Europa, Estados Unidos y América Latina. Dicho lo anterior, convengamos también en que sólo en los últimos treinta o cuarenta años se ha tomado conciencia de la importancia de la educación prebásica, y de que los niños llegan al primer año de educación básica con una mayor o menor ventaja según tuvieron o no tuvieron educación prebásica. Tarea pendiente en la mayoría de los países es el acceso a la educación prebásica; y quiero recordar que si hablamos de prebásica, los cuidados maternos respecto al niño recién nacido son muy importantes. Y qué pasa con los permisos posnacimiento del niño y quiénes los cuidan. Mirando lo que ocurre en Europa y en los países escandinavos, muchos están empezando a decir: «¿Por qué no comenzamos por darle un permiso posnatal al padre?». Pero ya estamos a otro nivel. Tenemos todavía pendiente un tema de cobertura en prebásica para que todos estén en igualdad de condiciones. Yo diría que tenemos una cobertura aceptable en la básica, y muchos países también ya están en la media. No obstante, son las diferencias de calidad lo que está siendo hoy la exigencia de los muchachos. A eso yo creo que hay que agregar un segundo tema. Hablamos de enseñanza media, pero para muchos no va a ser media, va a ser enseñanza final. La llamamos media porque está entre la básica y la universidad.

Y cuando uno entra al tema de la universidad, creo que aquí tenemos que distinguir porque en nuestros países ha existido la Universidad Nacional por excelencia, la Universidad de Chile, la Universidad Nacional Autónoma de México, la Universidad de Buenos Aires, la Universidad de Córdoba, grito de Córdoba incluido por los movimientos reformistas de 1918. Esa Universidad cumplía el doble rol de ser centro de investigaciones y de docencia. Ante la demanda de mayor acceso de estas cohortes que salen de una enseñanza media mucho mayor que antes empiezan a surgir universidades privadas que, en el fondo, son equivalentes al *college* en Estados Unidos, y que no hacen investigación, que simplemente captan profesores de otros ámbitos pero que están satisfaciendo el tema de la educación universitaria. Pero ahí viene, yo creo, el gran tema. Educación universitaria para qué. Cómo se pasa en un país como Chile de tener dos, tres, cuatro escuelas de Arquitectura a tener cuarenta. O lo que sucede en lo que llaman las profesiones de pizarrón y tiza, Derecho, por ejemplo, o Periodismo, o Administración Pública, en las que lo que se requiere para enseñar es pizarrón y tiza. Se está preparando a jóvenes que después no encuentran inserción. Creo que a la larga se va a producir un ajuste porque en América Latina va a pasar a haber muchos más de sectores terciarios que de sectores secundarios. Las ventajas comparativas van a estar en ese mundo.

Carlos Fuentes: Yo recordaba antes el gran desafío que tuvo el ministro Vasconcelos en México en un país con un 90 por ciento de iletrados: mandar profesores al campo a enseñar a leer y a escribir y, al mismo tiempo, publicar los clásicos; dar los murales a Diego Rivera y a Orozco; tenía un concepto muy extraordinario de la cultura en un país de veinte millones de habitantes. Pero todavía Torres Bodet, en los años cuarenta, logró darle otro impulso a la campaña alfabetizadora. Eso ya se perdió en México, simplemente por la explosión demográfica. Si había dieciséis millones de mexicanos en la época de Vasconcelos, hoy hay ciento veinte millones y ya los recursos y la extensión de la educación no son los que podrían ser para un país mucho más pequeño. Mi estado original es Veracruz y allí he visto cómo, para llegar a una escuela, a veces, un chico o un grupo de muchachos tienen que montar en burro tres o cuatro horas. Cosa que es inútil en el mundo moderno. Tú lo señalas varias veces. Miguel Alemán, el gobernador, mi amigo, hizo una cosa muy buena, preparar una serie de autobuses que llevaban básicamente la enseñanza: la geografía, los mapas, la alfabetización, la aritmética, las cosas básicas, se enseñaban. Los chicos subían al camión en un pueblo, el profesor les enseñaba las cosas y se iba a otro pueblo. Y así más o menos se iba educando. Era una cosa muy llamativa. Los camiones se llenaban de niños y de mujeres, los hombres no subían, no renunciaban a su machismo esencial, ellos lo sabían todo. Pero el hecho es que tenemos un déficit educativo en México y en la América Latina sumamente grande. Y a veces hay que volver a la etapa inicial de la que tú hablabas, Ricardo, para resolverlo. Pero si hay un déficit en el inicio, hay un déficit igualmente en el final, yo creo. Porque cuántos de nosotros no hemos oído decir: «Ah, llegó a la universidad, obtuvo el título». ¡¡Y se acabó la educación!! ¡No es cierto! La exigencia del mundo moderno es que la educación no termina nunca. Que la educación termina cuando uno se muere, pero que sigue a lo largo de toda la vida. Hay que estar informados, hay que leer, hay que sentir siempre la insuficiencia de lo que sabemos.

Ricardo Lagos: Esa frase que sacó la Unesco: «Aprender a aprender».

Carlos Fuentes: Aprender a aprender. Y esto es muy difícil de meter en la cabeza de gente que cree que con el título universitario ya la hizo, ya tiene todo, y ahora a mis negocios, mi profesión y se acabó. Y no es así. Hay que crear una ética de la educación en América Latina, una ética de la enseñanza continua, perpetua; hasta el último día hay que estar aprendiendo algo. Esto es muy difícil de meter en la cabeza de mucha gente satisfecha de nuestros países. A mí me preocupa mucho porque veo un retraso en mi país muy grande: cuando los hijos tienen que ir en burro a la escuela, cuando hay que enviar un camión de pueblo en pueblo para suplir las deficiencias de escuelas que en México a veces no tienen ni pizarrón, ni asientos, ni nada. Los muchachos van, están allí y hay un profesor que improvisa y dice algo. No es posible ser un país moderno con sistemas de educación tan retrasados, tan primitivos como estos.

Ricardo Lagos: En definitiva en la educación, para que haya igualdad de oportunidades, hay que discriminar. Por ejemplo en Chile, uno de los puntos que heredamos de la dictadura fue la idea de un subsidio por alumno. Y este subsidio era para todos igual. Fue luego, ya en mi Administración, cuando establecimos la subvención diferenciada. En donde a los colegios cuyos alumnos provienen de hogares de menores recursos se les entrega una subvención más grande. ¿Por qué, en el fondo, los que tienen menos recursos también tienen menor educación? Si se compara el salario medio del que cumplió educación básica con el salario medio del que cumplió educación media y con el salario medio del que llegó a tres o cuatro o cinco años de educación universitaria, las diferencias son muy grandes. Y por tanto, uno puede deducir que el nivel de ingreso del padre está en relación con el nivel educativo del hijo; hay una doble desigualdad, primero porque tienen menos dinero y no tienen el computador en la casa o antes no compraban el diario todos los días, y segundo porque los padres tienen menor nivel educativo. En países mucho más desarrollados estas cosas no tienen una diferenciación brutal, pero en América Latina los sistemas educativos tienen todavía un larguísimo camino que recorrer. Alguna de estas cosas Cardoso las introdujo. Tuvo un ministro de Educación, Renato Souza, que fue determinante. De ahí salió la famosa *bolsa escola*, que daba ayuda a las familias para que el niño fuera a clase, y que continuó con mucha mayor fuerza con el presidente Lula.

J. C.: Carlos, tú querías hacer alguna reflexión sobre cómo está la educación hoy, qué recibimos y, sobre todo, cómo afectan las redes sociales, primero, a la educación y luego a la democracia. Es imposible ya entender, como ustedes han sugerido en algún momento, la democracia sin la presencia de las redes sociales. Pero a la educación, ¿cómo la afecta o cómo debiera afectarla?

Ricardo Lagos: Cuando llegó el año 2000, se publicó un hermoso libro sobre cómo se había recibido en Europa el año 1000, y todas las cosas que se dijeron que iban a ocurrir. Y en ese mismo libro se preguntaba qué ocurriría ahora si alguien que murió en el año 1000 resucitara. No entendería nada del mundo, no entendería que hay unos pájaros que vuelan que se llaman aviones, no entendería nada de nada. Lo único que reconocerían sería una sala en la que hubiera un pizarrón negro, un conjunto de pupitres, y unos niños sentados. Entonces este hombre del año 1000 diría: «Ahí están enseñando, ésta es una clase». Me llamó mucho la atención, porque todo cambió, pero eso no había cambiado. Cuando llegó el tema de las nuevas tecnologías, a mí me pareció que introducir Internet en la sala de clase era una forma de evitar que se produjera, desde el inicio, una gran brecha digital. Porque podía haber un analfabetismo digital, a corto andar, entre los que tenían acceso a los instrumentos para ello y los que no. Y por lo tanto, me tocó seguir de cerca, primero como ministro y después como presidente, el avance que hubo en este campo. En donde primero se dijo: «Intentemos llevar el computador, empecemos por ahí». Y se puso un computador, dos computadores… fácil decirlo, difícil hacerlo. Porque los profesores de más de cincuenta años miraban el computador como toda persona mayor de cincuenta años, como yo tengo ahora. Pero claro, no necesito decir que ya empieza a notarse la diferencia de los que nacen ya en este mundo. Mi nieta de ocho años ya se mete a todas estas técnicas con mayor razón que mi nieta de veintitrés. Y la nieta de veintitrés le da clases a la madre, y qué decir al abuelo, que uno es un ser antediluviano en estas materias. Hay quien dice que va a poder haber una enseñanza sin profesor, eso me cuesta imaginarlo. La transmisión oral, directa, tiene que existir, pero me doy cuenta de que este instrumento plantea, digamos, un desafío enorme. También tengo que decir, a lo mejor por la edad que tengo, que me preocupa mucho cuando todos hablan en Twitter o en Facebook con un lenguaje y con una forma de reducir las palabras de donde a lo mejor va a salir una ortografía distinta a la que nosotros conocemos. Porque el «te quiero» que se hace con una «k» y una «e», me cuesta todavía entenderlo.

J. C.: Qué mundo se abre, ¿eh, Carlos?

Carlos Fuentes: No sé, no sé… estoy muy preocupado porque no entiendo el futuro. Creía entender el futuro, ya no lo entiendo. No sé qué va a pasar con todo lo que hemos dicho aquí. Adónde vamos y qué pasa en un mundo en que el alumno sabe más que el profesor.

Ricardo Lagos: Yo tengo una pequeña parcelita cerca de Santiago, en Caleu. Es un pueblo que nadie conoce. Ahí había un matrimonio, en la pequeña escuelita de Caleu, que tenían más de cincuenta años. Y cuando se acogieron a la jubilación, llegó un matrimonio nuevo y descubrieron que los computadores no los habían desembalado nunca. ¿Te das cuenta? O sea, ese profesor tenía temor de que si desembalaba aquello, los alumnos iban a saber más que ellos.

J. C.: Déjame que subraye lo que acaba de decir Fuentes. No entiendo el futuro. ¿Y hasta ahora lo hemos entendido, Carlos? ¿Qué no entiendes del futuro?

Carlos Fuentes: Hemos podido pronosticar, sobre todo los intelectuales, los escritores, los políticos, lo que iba a pasar. Yo hoy no sé qué va a pasar, no me atrevo a pronosticar porque la realidad va mucho más rápido que mi pensamiento, siempre ha sido así, pero como soy vanidoso antes decía: «Dentro de diez años en México sucederá tal cosa», ya no puedo decirlo, porque se han acumulado tal cantidad de novedades, medios de conocimiento, sorpresas… Yo no me podía llegar a imaginar que en el Egipto de Mubarak iba a pasar lo que pasó. ¡No podía imaginarlo! Ese señor estaba ahí para siempre y ahora leo el discurso de Barack Obama en la Universidad de El Cairo y me doy cuenta de que él entendía, y yo no, que él hace un elogio de los que luchaban por la democracia en el Egipto de Mubarak.

Ricardo Lagos: Lo cual produjo la incomodidad de Mubarak.

Carlos Fuentes: Gran incomodidad. Yo acabo de releer el discurso y digo: «¡Caramba! Esto no pudo caerle bien al señor Mubarak», pero le cayó muy bien a los estudiantes. Sin embargo, para volver a mi punto, me parece que estamos en un mundo nuevo, que es como adivinar el Renacimiento desde el siglo XII, no se puede. Y espero con sorpresa y entusiasmo, y un poco de temor, lo que está pasando, pero no puedo ni siquiera formular un plan como podía haberlo hecho hace diez o doce años. Como Marx. Marx escribe un libro explicando qué va a pasar en el mundo, se aventura a decirlo; quién puede decir hoy qué va a pasar en el mundo. Me cuesta mucho.

J. C.: Y esta irrupción de las nuevas tecnologías en el ámbito de la democracia ha tenido consecuencias positivas, como son las revueltas en el norte de África, pero también han tenido…

Ricardo Lagos: Y la propia elección de Obama.

J. C.: Y la propia elección de Obama. Pero también han sido elementos que han activado el 11-S. Es decir, las nuevas tecnologías no son por definición positivas.

Carlos Fuentes: No son inocentes. Como todo en este mundo, sirven para el bien y para el mal. Y me llama la atención que hayan servido tanto para el bien precisamente en el norte de África; pero pueden servir para grandes males. Yo pertenezco a una cultura literaria, obviamente, una cultura de libros, yo tengo grandes bibliotecas en Londres, y en México. Mi esposa tiene una computadora. Y todo lo que está en mis libros, no todo, mucha parte de la información, que yo buscaba en la [Enciclopedia] Británica, me lo da mi esposa en un minuto, tecleando. Esto es otro universo, muy, muy distinto. Es la era posGutenberg, en la cual, a mí, por mi edad, me cuesta mucho entrar. Yo prefiero escribir con pluma, con tinta, en cuadernos, leer libros. Soy el producto de mi educación y de mi época.

Ricardo Lagos: ¿Pero recuerdas una cena que tuvimos en Guadalajara? En un momento dado, García Márquez dice que él, al final, había entrado al computador. No recuerdo cuál de sus novelas era, pero estaba terminándola y se le ocurrió que a un personaje había que cambiarle el nombre, y ahí descubrió la maravilla del computador, porque donde decía Pedro, podía poner Juan. Desde ese día, no ha dejado de escribir en el computador. Y el mundo del futuro va a ser un mundo en donde los niños van a aprender a leer en el computador. Lo veo en mis nietas. Juntan letras y empiezan porque las ven en la pantalla. Esto está cambiando también la forma de acceso al conocimiento. Porque si el conocimiento se puede adquirir sin profesor ¿qué papel le queda a éste? El profesor va a tener que seguir aprendiendo por su cuenta, a partir de esos instrumentos. También esto va a obligar a la innovación, a la imaginación, porque en estos tiempos ¡cuántos plagios aparecen tan fáciles por el computador! Una frase hermosa que se dice, y uno al final de tanto leerla piensa que se le ha ocurrido a él pero resulta que es de otro. Es como cuando uno lee *Veinte poemas de amor y una canción desesperada* de Neruda, y piensa, esto interpreta lo que quiero decir, y se lo manda a su novia; y la novia no sabe que eso en realidad lo escribió Neruda pensando en otra mujer. Eso se va a poder saber con mayor rapidez en el futuro. Habrá que gestionar la cabeza mejor para saber cómo dirigirse a la novia. Y no inspirándose tanto en Neruda. Pero junto a eso también creo que va a haber una mayor homogeneidad desde el punto de vista educativo, va a haber un acceso al conocimiento que va a ser igual para todos. En ese sentido, el computador es muy democratizador, porque tú tenías la referencia de la Enciclopedia Británica porque tenías una en tu casa, pero cuando yo compré mi primera Enciclopedia Británica te seguían dando un volumen para actualizártela cada año. Y por supuesto un gran atlas del National Geographic, ¿verdad? Eso era parte de la necesidad de tenerlo en la casa porque si no a ver cómo te manejabas. Ahora todos tienen por definición, no ya una Enciclopedia Británica, sino Wikipedia, donde se puede buscar cualquier cosa. Es una inmediatez de todo. En un momento yo enfrenté a Pinochet en un programa de televisión que produjo mucho impacto en Chile. Entonces la gente acostumbraba a hablar del «dedo de Lagos» porque yo le había apuntado con el dedo, y uno de mis nietos me preguntó: «¿Qué es este cuento del dedo?» y alguien dijo: «Mirémoslo, está en YouTube». Yo no sabía que estaba en YouTube y lo vimos, y fue muy deprimente lo que pasó después. Porque los nietos miraron esto y me dijeron: «¿Y esto fue todo, abuelo?». *(Risas)*. Claro, ¡había que reproducir lo que era decir eso en dictadura! En democracia eso era una discusión más de televisión. *(Risas)*. ¡Esa inmediatez antes era inconcebible! Estás metido en un pueblito y porque estás conectado a una antenita, ¡estás conectado al mundo! Por eso yo a veces pienso que el futuro es hoy. Es como si viviéramos en la mitad de la invención de la imprenta, es decir, la imprenta ya la inventó Gutenberg, pero si tú hubieses vivido allí no se te habría ocurrido que siete años después, o doscientos, iba a haber un diario. Porque la imprenta era para hacer un libro. Eso era todo. Y para hacer libros de religión. Pero una vez que ya se pueden hacer tantas biblias, a Lutero se le ocurrió que quería su propia interpretación de la Biblia, y las biblias entonces pasaron a ser un poco más comunes. ¿Podría haber habido una reforma en la historia occidental sin Gutenberg? Diez años después de la invención de la imprenta no habríamos imaginado que iba a ocurrir eso. ¡Esta multiplicidad de biblias!

Carlos Fuentes: Una en cada cuarto de hotel.

Ricardo Lagos: Desde la invención de la imprenta hasta la del diario pasaron doscientos años, pero hoy las cosas son mucho más rápidas, cambian mucho más rápido. Estamos en mitad de una ola que no ha terminado de caer.

Carlos Fuentes: Y que plantea un dilema nuevo y viejo: educación significa conocimiento, conocimiento significa progreso. Entonces, cómo se plantea la relación entre educación y progreso. Antes sabíamos cuál era la relación, era un pizarrón, una escuela, un libro, un maestro, y tenías conocimiento y en consecuencia actuabas y eso era progreso. Pero a partir de lo que sucede hoy, ¿cómo se plantea esa relación?

Ricardo Lagos: Es que el mayor problema es cómo vamos a aprender el conocimiento, es decir, es tal la cantidad de conocimiento que está al alcance, literalmente, de los dedos, que lo primero que tendrán que enseñar a los niños del futuro es cómo aprender a distinguir la paja del trigo.

Carlos Fuentes: Enorme problema, que replantea todos nuestros hábitos de adquirir conocimiento, de educación.

¿POR QUÉ NO ENTENDEMOS EL FUTURO?

J. C.: Déjenme, déjenme insistir en lo del futuro que dice Carlos Fuentes. Es curioso que el antecedente de este libro es el que recoge el diálogo de Juan Luis Cebrián y Felipe González, que se llamaba *El futuro no es lo que era.*

Ricardo Lagos: Es un hermoso título.

J. C.: Sí, que tiene que ver con la incertidumbre que entonces se abría; estaba Europa, y sobre todo España, en medio de una enorme crisis del socialismo, se estaba replanteando todo desde el punto de vista político. Es que ahora está todo hecho añicos; tú terminas tu prólogo del libro de *La gran novela latinoamericana* reproduciendo un título que tú mismo pusiste a un conjunto de ensayos, *Valiente mundo nuevo.*

Carlos Fuentes: Que viene de Shakespeare.

J. C.: Qué mundo estamos creando. ¿Cómo definirían ustedes el mundo, la democracia que estamos viviendo en función de todas estas novedades? Es decir, ahora, para que los chicos distingan lo que es verdadero de lo que es falso habrá que hacer un vademécum, pero nosotros mismos, los adultos, ¿qué instrumentos tenemos, qué valores? Carlos Fuentes tiene un libro que se llama *En esto creo;* evidentemente, ahora tendría que añadir también «en esto desconfío». Cómo ves tú, Carlos, el momento actual desde esa perspectiva de incertidumbre, y cómo lo ve usted, Ricardo.

Carlos Fuentes: Fue Simone Signoret la que lo dijo primero: «La nostalgia es un error». Y también dijo: «El futuro no es el que sabemos o el que creíamos», algo por el estilo. Y yo tengo una gran añoranza del futuro como habíamos tenido siempre, pero creo que se están dando elementos constructivos, Ricardo, favorables junto a los desfavorables. Pero yo creo que es el acceso de civilizaciones enteras a un sistema democrático, cosa que les negábamos, los musulmanes no pueden tener democracia porque creen en el Corán y tonterías por el estilo. Hoy siento que hay un acercamiento a la democracia de pueblos y civilizaciones que antes parecían muy alejadas de principios que compartimos nosotros y que han sido violados, negados en muchas ocasiones en nuestros países, pero que están ahí y no sabíamos que también están en el mundo árabe, por ejemplo. Y no sabíamos que el mundo hebreo iba a demandar el regreso a ciertos principios de la convivencia democrática, y no sabíamos que los jóvenes británicos iban a exigir una educación apropiada a su pobreza y a sus deseos, no sabíamos muchas cosas que están pasando en todo el mundo. Y esto me gratifica mucho, creo que se está construyendo un futuro bajo nuestros ojos. No sabemos distinguirlo todavía claramente, pero hay muchas fuerzas trabajando a favor de eso. ¿Qué quieren los chicos que se reúnen en la Puerta del Sol en Madrid? ¿Lo saben ellos? ¿Lo sabemos nosotros? Es un gran interrogante, pero se está construyendo algo que niega la facilidad ideológica del Partido Popular y del Partido Socialista. Los dos quedan negados por la presencia, por la acción, de una gran multitud de jóvenes. Está pasando en todo el mundo. Que los viejos sistemas políticos, las viejas categorías políticas, los partidismos, las ideologías se están acabando y está surgiendo algo que no conocemos. No podemos hablar de ello porque no lo conocemos, ellos tampoco lo conocen, quizá, pero lo están haciendo, están actuando. Qué va a surgir de esto, no sé, francamente no lo sé, Ricardo. Pero sí sé que los esquemas simplistas que hemos manejado a lo largo de nuestra existencia se han acabado y no sabemos qué hay en su lugar. Pero ya no podemos hablar con tanta tranquilidad de ideologías, de partidos, de progreso, de propósitos, como lo hacíamos hace veinte o treinta años. Ya no. Pero esto desconcierta y anima al mismo tiempo, es curioso, ¿verdad? Te da muchos ánimos que algo bueno esté pasando, aunque se esté ignorando. Pero si me pongo en los zapatos de un hombre del Imperio Romano a punto de convertirse en Edad Media, estaría pensando en lo mismo. Estaría desconcertado, cómo es posible que esta construcción que ha durado mil años prácticamente, se venga abajo por una cruz, por un pobre hombre al que crucificaron en Palestina, qué es esto. E igualmente si estuviera en la Alta Edad Media, con todos los instrumentos de conocimiento que me ha dado el tomismo, que es el aristotelismo bendecido, y tengo la visión del mundo totalmente mía, cómo es posible que llegue alguien a decir: «No, lo importante es la obra de arte individual, no los grandes sistemas abarcadores cosmológicos, eso se acabó, ahora viene lo nuevo, que son Miguel Ángel y Rafael y Leonardo y otro mundo en que depende la realidad de la visión individual que se convierte en arte y, en consecuencia, en algo que nos pertenece a todos». Estamos en un mundo parecido, yo creo, en que estamos desconcertados, animados por un lado, entusiastas, pero también desconcertados porque no sabemos lo que va a pasar. Yo no me atrevería a dar una receta para el futuro como la dio Marx en su momento, o como la que dio Augusto Comte. Hoy yo no sé cuál es el resultado de lo que estamos viendo. No tengo idea. Tengo que admitirlo paladinamente, porque si alguna vez me pude adherir un poco al marxismo, hoy no. No puedo creer en nada de lo que prometió Marx. No puedo creer en el progreso automático de Augusto Comte, no puedo creer en lo que nos ha ofrecido la ideología de Estados Unidos, o la Unión Soviética en su momento. Pero la mayor parte de los americanos siguen creyendo en este progreso inevitable, yo no puedo creer en eso. Tiene que haber algo distinto. Qué es. No sé.

Ricardo Lagos: En ese algo distinto, que dice Carlos con mucha razón, uno puede entender qué cosas van a empezar a ser un poco distintas. En democracia, tratemos de hablar de democracia 2.0. Yo entiendo la democracia 2.0 como una vuelta a la plaza de Atenas. Aunque en la plaza de Atenas participaban los varones, no las mujeres.

Carlos Fuentes: Ni los esclavos.

Ricardo Lagos: Ni los esclavos. Y en la plaza de Atenas se debían juntar unos cien o doscientos atenienses. Y hablaban, se contestaban y tomaban decisiones. En la plaza de Atenas, todos eran iguales. Porque Carlos decía su palabra, tú la tuya y yo la mía. O sea, todos teníamos opinión y todos reaccionábamos a la opinión del otro. Cuando se estableció el sistema democrático, ya en el siglo XIX, después de la Revolución Francesa, para ponerle un título, surge el líder de opinión, el político, el que dice sus pensamientos, y todos los que piensan como él se reúnen en el mismo sitio, como desplazados en su propio partido. Pero alguien emite opinión y la ciudadanía lo recibe, lo primero, leyendo el diario. A veces puede dar su opinión mandándole una carta al director del diario, aunque lo normal es que la política consista en líderes de opinión que opinan y una ciudadanía que recibe estas opiniones cotidianamente y, a los cuatro, cinco o seis años va a las urnas, vota y dice cuál de todas estas opiniones le parece mejor. Y eso ocurrió después con la radio y después con la televisión. Pero eso cambió, porque ahora todos emitimos opinión y todos recibimos opinión. Entonces, ¿cómo se va a hacer la política cuando todos son emisores y todos son receptores de una forma distinta de hacer política? ¿Te das cuenta?

Carlos Fuentes: Sí, es evidente, así es, querido Ricardo.

Ricardo Lagos: La red es muy dura... yo no sé qué políticos siguen Twitter, yo muy poco, porque cuando lo veo me deprimo, todo el mundo me saca la mugre, son muy pocos los que me aplauden. Claro, qué va a hacer uno ahí... lógico. Y los partidos políticos van a tener que usar otra forma de relacionarse, de dirigirse a sus militantes, o a sus simpatizantes. Ahora todo es inmediato. Lo vimos con Berlusconi en Italia, cuando hizo el plebiscito de las cuatro leyes para protegerse de los juicios que tenía en contra. La televisión italiana no pasó ni un solo debate de ese plebiscito. El objetivo era que la gente no se enterase, porque en Italia tiene que haber un tanto por ciento que vaya a las urnas para que la votación sea válida. Se hizo a escondidas para que la gente no fuera a votar. Pero la ciudadanía se puso de acuerdo por Twitter y por las redes sociales.

Carlos Fuentes: Con las que no cuenta todavía la gente del poder...

Ricardo Lagos: ¿Verdad? Ése es un ejemplo —yo lo encuentro precioso— de algo que jamás se hubiese podido hacer sin las redes sociales. Porque nadie habría sabido que había un plebiscito. Sólo leyendo el diario no se sabía. Pero cuando las redes, en una cuestión de honor, dicen: «Ahora vamos a derogar a éste, por favor, no se olviden, el próximo domingo vamos todos a votar», derogaron las leyes.

Carlos Fuentes: Sorpresa, sorpresa.

Ricardo Lagos: ¿Ése va a ser el mundo que viene? No sé. Algo de eso va a influir. Yo quise hacer un plebiscito en Chile, pero hay quien me decía que no lo hiciese, que eso es un arma que usan los dictadores para permanecer en el poder, que Pinochet lo hacía. ¿Y porque lo usen los dictadores no se puede pensar que un plebiscito es un instrumento democrático? Si no, ¡pregúntele a los suizos que hacen plebiscitos para todo!

Carlos Fuentes: California hace plebiscitos todos los días.

Ricardo Lagos: Ahora, gracias a los plebiscitos, se va a plantear en nuestro sistema democrático el tema del poder representativo; se podrán revocar los poderes de los representantes elegidos si hacen las cosas mal, si no están de acuerdo con lo que yo pienso. Es una forma de hacer política completamente diferente. Obama fue presidente gracias a las primarias y a las redes sociales porque el partido estaba del lado de la señora Clinton. Obama terminó siendo el candidato de las redes.

J. C.: Carlos, tu colega Saramago dijo en cierta ocasión que la democracia puede tener todas las virtudes que queramos (en efecto, la gente puede reunirse a votar y las redes sociales contribuyen de manera decisiva al debate), pero está el mercado. Y el mercado, decía él, manda más que la democracia. Y al mercado no lo elige nadie. Ahora la palabra «mercado» atemoriza también al gran presidente del gran poder del mundo, que es Obama. Que tiene que salir en la televisión a decir: «No nos van a quitar la A de la triple A». Es decir, ¿qué podemos hacer, para que la virtud democrática prevalezca sobre el vicio del mercado? Si hablamos del futuro, sin duda hay que hablar del mercado, cómo éste lo va configurando.

Carlos Fuentes: Pero ese poder del mercado depende del poder que le dé el poder político. Si hay instituciones gubernamentales fuertes, un Estado fuerte, activo, el mercado no tiene ese poder. El mercado tiene el poder en virtud de la ausencia de Estado, de la ausencia de políticas, que es una de las constantes en los últimos cuarenta o cincuenta años en el mundo. Démosle más poder al mercado, el mercado es el que decide y el Estado se repliega, o desaparece a veces. No, hay que reconstruir los poderes del Estado frente al mercado y frente a todo lo demás. El Estado tiene poderes inherentes, que no son poderes corruptos, están limitados por el propio mercado, están limitados por la sociedad civil, por las instituciones, por la cultura, por muchas cosas. Pero no le tengamos miedo al Estado, pensando que, ipso facto, va a ser un Estado totalitario. Lo peor es que el Estado deje de existir, que el Estado sea el no-poder. Pero el poder del Estado es un buen poder en la medida en que regula el mercado y no se deja regular por él, que es lo que ha pasado ahora, Ricardo. Y eso es una tragedia para todos. Tenemos que darle al Estado nuevamente los atributos que le permiten tener a distancia al mercado e impedir que éste sea el factor determinante como en gran medida lo es hoy. Esto me parece que perturba la democracia, perturba la realidad, me da mucho miedo, pero creo que tenemos instrumentos políticos para responder a esto.

Ricardo Lagos: Bueno, es que lo que yo creo que hay acá es una trilogía: sociedad, Estado y mercado. Y de esa trilogía, cuando tú tienes sólo sociedad y Estado y te olvidaste del mercado…

Carlos Fuentes: Sí.

Ricardo Lagos: Se nos cayó el Muro de Berlín. Porque había sólo Estado y no había mercado, no había un espacio de libertad para el individuo. Pero digamos también que, cuando hay sólo sociedad y mercado y nos olvidamos del Estado, tenemos la crisis de Lehman Brothers. Hemos aprendido que si hay sólo sociedad y Estado, se cae el Muro de Berlín. Si hay sólo sociedad y mercado, se cae Wall Street. Podemos decir que se cayó una estantería con el Muro de Berlín y otra estantería ideológica con Lehman Brothers. A ratos no terminamos de asimilar esta segunda caída ideológica. Y da la impresión de que tan pronto pasamos el chaparrón, volvimos a pensar que el mercado resolvía las cosas. Profundo error. Porque podemos caer en la quiebra de Lehman Brothers número dos, cualquiera que sea el elemento que la desencadene. Creo que Carlos tiene toda la razón cuando dice que necesitamos un sistema donde el ciudadano exija políticas públicas que regulen el mercado. El mercado es un instrumento eficaz para muchas cosas, pero no puede ser el amo definitivo que impone su ley.

Carlos Fuentes: Ésa es la cosa. Y hemos caído en eso.

Ricardo Lagos: Cuando sale Obama a decir: «No vale lo que diga el mercado porque las A las vamos a tener siempre», me hubiera gustado que lo hubiera dicho antes. Cuando Standard & Poor's le iba a quitar la triple A a Estados Unidos en función del déficit que tenía Obama les dijo que sus cálculos estaban equivocados, que había un error en el cálculo del déficit y que ellos las «A» las iban a tener siempre. Pero a su vez Standard & Poor's ponía en duda este cálculo. ¿Quién manda entonces? ¿La agencia porque termina quitándole la triple A o el Estado americano que le dice a ésta que está equivocada? Si la agencia hace eso es porque alguien le está dando poder para hacerlo. Por lo tanto aquí nos estamos confundiendo. ¡Aquí se dieron todos los límites de lo que el mercado cree que puede hacer! Eso va en contra de la racional idea misma del sistema. Creo que en esta trilogía debe haber un equilibrio adecuado.

Carlos Fuentes: Eso es todo…

Ricardo Lagos: Y en determinados temas ese equilibrio lo impone el ciudadano diciendo: «Quiero un Estado capaz de regular al mercado, pero en tal forma que éste siga existiendo, porque yo quiero seguir eligiendo si mis zapatos van a ser color café o negros». *(Risas).* No quiero que me digan: «Todos los zapatos son negros». Pero también quiero seguir viviendo en un país donde gane lo suficiente para comprarme un par de zapatos, y no que me diga el señor: «Usted a pie *pelao,* porque gana poca plata». Necesito un grado de libertad pero también un mínimo material para pensar en libertad. Y ese mínimo es el que pido que me garantice el Estado a partir de sus normas políticas. Éste es un camino difícil, pero para eso es la democracia, porque si este partido me está llevando por una dirección que no me parece la adecuada, tengo la posibilidad de cambiarla. Y también, por supuesto, mis demandas van modificándose, porque la democracia es un proceso, y si he avanzado ciertos estadios de crecimiento económico, puedo plantearme ciertos desafíos que yo demando para el alcance de todos. Hobsbawm decía que el siglo XX terminó con la caída del Muro de Berlín, y hablaba de un siglo corto, pero no sé si no tendrá que replantearse su teoría y decir que el siglo XX terminó en el 2008, cuando se cayó la otra estantería. Porque hoy día nadie diría que una política neoliberal extrema en que el mercado es todo es relevante. Así que no sabemos qué instrumentos se van a usar, si va a ser la red, o va a ser un referéndum o un plebiscito, donde se vota con la urna y un papel, como antes. O si se va a votar electrónicamente con el teléfono móvil que llevamos en el bolsillo y te va a decir el señor presidente: «Si está de acuerdo con mi brillante idea, pulse el uno; si está en contra, apriete el dos; si no quiere dar opinión, apriete el tres».

J. C.: Eso va a pasar...

Ricardo Lagos: Pasará... yo creo que va a pasar. Si ya tenemos países en los que hay más móviles que personas; en esos países el tener el móvil puede ser un bien libre que el Estado le puede garantizar a todo el mundo.

J. C.: Lo que decía Norberto Bobbio.

Ricardo Lagos: Claro, y si se lo garantiza a todo el mundo, entonces todo el mundo puede votar, por el uno, por el dos, por el tres.

J. C.: Todos tenemos derecho a ser iguales en algo...

Ricardo Lagos: Pero independientemente de eso, creo que la posibilidad de elegir implica equilibrio entre Estado y mercado. Y el rango de desequilibrio lo pone la sociedad, o sea, el ciudadano.

Carlos Fuentes: Lo que no se puede hacer es quitarle al Estado atributos en nombre de la empresa privada, que es lo que se ha hecho en gran medida. El Estado tiene obligaciones y deberes en la educación, en la creación de infraestructuras, en las comunicaciones, en la justicia, en el respeto a la ley. Todo esto son atributos del Estado y ha habido una tendencia a quitárselos, a disminuírselos. ¡No! El Estado somete al mercado y no al revés, esto es muy importante. Porque hay una tendencia contraria, que me alarma muchísimo. Nos ha costado mucho construir un Estado de leyes.

Ricardo Lagos: De instituciones que funcionan.

Carlos Fuentes: Y de ahí el problema de la globalización y el problema de la actividad transaccional de las compañías globalizadoras, que todo esto que estamos diciendo de la defensa del Estado, de las leyes, de las instituciones, ¡les suena a papel mojado! Es una batalla que está por venir, porque va a haber que definir competencias, que poner límites a muchas cosas que están sucediendo y que pueden ser fatales si se les deja actuar sin ningún coto, sin ningún límite; nos va a llevar a una catástrofe, lo hemos visto en muchos casos y puede suceder aún más.

Ricardo Lagos: El tema de la relación del Estado con las universidades es muy importante. Porque en definitiva, es el Estado el que tiene que establecer las modalidades; se puede hacer una mezcla entre universidades que investigan y el sector privado, que es el que lleva adelante las tecnologías producto de esa investigación. Vamos a ir a una sociedad de servicios y los países más desarrollados están muy centrados en el tema de las patentes y la propiedad intelectual. Pero los países en desarrollo también exigen una parte de ese conocimiento que se está creando. Pero si el mundo subdesarrollado o en desarrollo no es capaz de generar sus propias redes de conocimientos y sus propias patentes, entonces, ¿dónde estamos? En el fondo esto implica dar valor agregado a lo que estás produciendo. En esa relación virtuosa entre investigación, ciencia y tecnología el Estado es un elemento muy importante porque muchas veces tiene que dar el paso para poder seguir desarrollando ámbitos de los que la empresa privada se va a beneficiar. Por ejemplo, se van a medir las emisiones carbónicas de la Coca-Cola o del agua Perrier y la gente podrá escoger los productos que emitan menos gas carbónico porque no afectarán tanto al cambio climático. Es decir, hay que distinguir el producto en función de algo que la ciudadanía va a empezar a apreciar más. Todo esto implica investigación y eso, en general, lo hacen los científicos en las universidades. Pero también lo hacen otros científicos en las empresas. Y ahí nuestra América Latina está muy atrasada.

Carlos Fuentes: Tremendamente atrasada.

Ricardo Lagos: Las universidades de Europa y Estados Unidos inscriben directamente sus patentes, lo que les genera recursos. Me pregunto cuántas universidades nuestras de América Latina tienen patentes inscritas a su nombre. Prácticamente ninguna. Por eso en el ámbito de la ciencia y tecnología, el rol de las políticas públicas es fundamental. Si no, me temo que nos vamos a quedar atrás y vamos a tener que depender de las patentes que tendremos que salir a comprar fuera.

Carlos Fuentes: Nuestro compañero del Foro Iberoamericano, Patarroyo, sabe mucho de esto. Y el balance que presenta es lamentable.

Ricardo Lagos: Muy lamentable.

Carlos Fuentes: El porcentaje de nuestra participación es inferior al 10 por ciento, será 2-3 por ciento.

Ricardo Lagos: Y también, digamos otra cosa, los profesores universitarios están más preocupados de publicar en un *journal* que tenga comité editorial, como se decía antes, o sea, un *journal* que tenga un nivel académico elevado porque eso es lo que vale para su carrera en la universidad, como científicos. Pero habría que encontrar la manera de combinar las dos cosas: la carrera del profesor y los objetivos de las universidades. Ambos, en algún momento, se tienen que encontrar, y el Estado es el punto de encuentro, como sucede entre sociedad y mercado.

La cultura languidece, los medios se mueven, pero ¿adónde vamos?

J. C.: ¿Cómo ven ustedes los medios ahora? ¿Cómo pueden ser los medios en el futuro? ¿Y qué consecuencias tiene la crisis de los medios de comunicación, como se ha puesto en evidencia en muchísimos conglomerados? ¿Qué están diciendo los medios? Carlos Fuentes hablaba en un artículo publicado en *El País* de lo que había pasado en Inglaterra con Murdoch y sus periódicos escandalosos. ¿Qué está pasando con la prensa escandalosa? ¿Cómo nos defendemos del anonimato de los blogs y de Internet? Es decir, estamos viviendo un mundo, como decía Neruda en la «Oda a las cosas rotas», donde parece que nadie ha roto nada, pero las cosas se rompieron, ¿no?

Carlos Fuentes: Yo soy un lector de diarios, de periódicos, de revistas, crecí en eso, mi padre me enseñó a leer con el *New York Times* en las rodillas, en Washington. Éste es un cambio de cultura muy grande que no acabo de entender y que no sé dominar como he podido dominar un periódico que me llegaba, lo leía, lo digería, lo respondía, a veces escribía una carta al director o le respondía en mi fuero interno, cuando no estaba de acuerdo. Pero había una relación muy personal con la prensa. No la tengo ahora con estos nuevos medios, a los que ni siquiera me acerco porque me encuentro con una tal profusión de opiniones, con una lista interminable de gente que tiene derecho a expresarse. Se ha llegado a un grado en el que se confunde, quizá, la libertad de expresión con un poco de libertinaje. Con una posibilidad de decir cosas sin base, de insultar. Hay gente que se venga personalmente, entramos a un terreno muy resbaladizo en el que falta el mínimo de objetividad de un buen diario en el pasado. Eso ha declinado como han declinado los periódicos. El *New York Times* está en serias dificultades, si no está Slim ahí para inyectarles dinero ya habría desaparecido. Yo no concibo el mundo sin el *New York Times*, sin el *Washington Post*, sin *Le Monde*, sin el *Financial Times*, hay una relación casi de amor, erótica, entre una persona y sus periódicos. Y eso siento que está cambiando, no sé si para bien o para mal, pero no es mi mundo, de ninguna manera. No entro al nuevo mundo, no quiero entrar al nuevo mundo, quiero estar apegado a un mundo que fue el mío desde niño. Porque para mí el periodismo está muy asociado al amor de mi padre, al hecho de que él me acercó los diarios. Empecé a leer los periódicos, muy niño, y siento que eso se está yendo. Y si se va, me voy yo, porque es mi mundo. Y no sé lo que viene. Es un cambio de época realmente, ¿no? Más que cualquier otro; yo creí que el 68 tuvo consecuencias, pero esto es un cambio universal, se están haciendo cosas imprevistas en todos los rincones del mundo. Desde China, hasta Chile, increíble. Estoy muy desconcertado.

Ricardo Lagos: Sí, es un cambio de época. Siempre se dijo esa frase un poquito manida de que la prensa es «el cuarto poder». Pero es cierta. Cuando estudiaba en Estados Unidos descubrí que en la biblioteca podía leerme el *Times* y me entró la curiosidad de saber cómo habían informado de la batalla de Waterloo. Y después me entusiasmé y fui a ver cómo se había cubierto la Revolución Rusa y descubrí que la cubrieron con un pedacito pequeñito que apareció dos días después, y decía que había un tal señor Lenin y con él un tal señor Trotsky que había estado hasta el año pasado en Nueva York. ¡Lo importante era que este señor había estado en Nueva York! *(Risas).* Ésta era la manera de cubrirlo. Ahora nos reímos de la forma en que se cubre un hecho de esa magnitud. Pero en el año 1917, para un señor que abre el diario y lee que parece que hubo un golpe y que se había acabado el zarismo y que venían unos bolcheviques, tuvo que haber sido un gran impacto. Y en Santiago había un periódico vespertino más bien de izquierdas, una especie de *Guardian,* donde escribía un tipo que se llamaba Aníbal Pinto, que luego fue un gran economista, que tenía muy buena pluma y que firmaba como Espartaco. Yo devoraba sus columnas. Y me acuerdo perfectamente haber leído en el año 1952 la caída del rey Faruk de Egipto por un golpe de Estado de un tal coronel Naguib, y Nasser luego. Me siento tributario de la prensa respecto de una formación política incipiente, si podría decirlo así. Por alguna razón era la prensa y no la radio. La radio era otra cosa. Cuento esto porque el rol educativo y formador de la prensa es muy fuerte. Y en mi país, hoy, hay dos grandes cadenas, no hay más. Y esas dos grandes cadenas, y lo digo así, tan brutalmente, yo las consideré opositoras a mi gobierno. Y sigo pensando que son de pensamiento más de centro derecha, están en su derecho, en eso consiste la libertad de prensa. Pero aquí hay una relación entre prensa y poder económico que me ha inquietado siempre y que, al menos en mi país, es muy clara. Y cuando empezó a salir un periódico que llegaba a los sectores medios y que tenía un buen tiraje, los sectores económicos decidieron no publicar avisos en ese periódico. Ahora han salido un par de diarios digitales en Chile y, cuando yo quiero saber qué pasa, entro en ellos porque son mucho más independientes. Déjenme que les cuente algo propio, y que les parecerá un aviso comercial, ¿me lo permiten? Mi problema es que los diarios digitales publican las noticias muy breves y no hay comentarios. Entonces inventé, y éste es el aviso comercial, una red que se llama *El quinto poder*, en la que ahora estamos recibiendo unas cien mil visitas; es algo que están haciendo los ciudadanos porque publicamos los artículos que mandan. Establecimos una política editorial que consiste en decir que tenemos derecho a censurar los artículos cuando vienen en términos irrespetuosos. En los dos años que llevamos, hasta ahora no hemos censurado ninguno. A un señor no más le dijimos: «La próxima vez va a la censura» y le publicamos el artículo, aunque estaba en el límite de lo aceptable. Intentamos impedir que escriba esa gente que se desahoga mandando cosas a la red con todo tipo de insultos.

Carlos Fuentes: De barbaridades...

Ricardo Lagos: Hubo que vencer una resistencia inicial, ya que como *El quinto poder* aparecía vinculado a mi fundación pensaban que era el quinto poder para el señor Lagos. Afortunadamente mandaron algunos artículos en contra mía y como los publicamos, se ganó credibilidad. Creo que está surgiendo, como decía Galbraith, una suerte de «poder compensador» de los medios tradicionales. Y de hecho ahora, por ejemplo, hay veces que yo quiero decir algo y lo digo en un artículo que aparece en la red. En marzo de este año, escribí un artículo largo, de unas cuarenta páginas, sobre las tareas que tenemos por delante y dije: «Esto es un documento de trabajo para los partidos de oposición, pero es un documento de trabajo en curso, no está terminado, no tengo la receta completa, son ideas para un debate y, por lo tanto, éste es un documento en proceso y lo publico en la red para que todos hagan comentarios, lo destruyan…». Cuando se trata de un documento sobre ideas, un ensayo, bienvenidas sean las ideas, démosles curso.

J. C.: ¡Tenemos al presidente totalmente metido en las nuevas tecnologías!

Ricardo Lagos: Por ahora, los diarios se están defendiendo. Por cuánto tiempo, no lo sé. La nueva tecnología digital en la radio ya ha hecho que las radios de provincias, las radios pequeñitas, empiecen a desaparecer ante la invasión de la radio nacional que se desplaza por todo el país. Eso obliga, de nuevo, al empleo de políticas públicas para dar apoyo a las radios regionales desde el gobierno central con programas especiales. A un señor de una pequeña localidad no le importa si hubo un gran accidente de tráfico en Santiago, quiere saber si lo hubo en su modesta localidad. Hay que dar apoyo a las radios regionales desde el gobierno central. Hay que intentar que no se pierda el sentido local de la noticia.

J. C.: Yo estoy bastante de acuerdo con Carlos en lo siguiente: los medios de comunicación, digamos, tradicionales, los de papel, ordenan la vida.

Ricardo Lagos: ¡Ordenan la agenda!

J. C.: En este contexto les preguntaría por los libros. El mundo de la cultura, los libros, la música, el cine está siendo afectado de manera muy imperativa por Internet. ¿Tú cómo ves, Carlos, que estás más en ese mundo, el porvenir de los libros? ¿Cómo afrontas tú la evidencia de que los libros ya pueden ser pirateados, saqueados?

Carlos Fuentes: Bueno, hay dos problemas en lo que dices. Uno de ellos, es el libro. Y la pregunta es ¿va a haber libros en el futuro? ¿Van a ser necesarios o innecesarios? Yo voto por la permanencia del libro, que ha soportado todas las tempestades de la Tierra, ¿no? Cuando aparece la gran prensa de circulación masiva, Balzac escribe *Las ilusiones perdidas* para distinguir la noticia de la prensa de lo que es la literatura de la imaginación, que ha sobrevivido a muchos embates. La literatura de la imaginación ha sobrevivido a la gran prensa, a la radio, a la televisión, al cine y quizá a los medios nuevos de los que estás hablando. Yo confío que así sea. Realmente, salvo casos excepcionales como Dickens o Balzac en el siglo pasado, la literatura nunca se ha vendido o leído demasiado, siempre ha sido un arte de minorías. Y yo creo que lo va a ser más todavía. Ya lo es. Hoy leer un libro requiere a veces una pesquisa detectivesca para poder encontrar el que te interesa. Eso no me preocupa porque yo creo que si un libro tiene un lector, le basta. En cambio, muchos se los van a llevar los medios modernos de comunicación, pero insisto, yo creo que eso no mata el libro sino que le da un valor distinto. El otro tema que planteabas…

J. C.: Los derechos de autor, la distribución…

Ricardo Lagos: La piratería...

Carlos Fuentes: Todo esto es un tema inexplorado, yo soy consciente de que muchos de mis libros ya aparecen en la piratería, se van, pero viven en los lectores, no sé cómo se va a arreglar esto, confío en nuestra Carmen Balcells, la gran agente literaria, para que ponga un poco de orden, y están nuestros editores para que hagan lo propio, publicando, por ejemplo, esta conversación pero sobre todo para que pongan sentido respecto a este terreno inédito. No sabemos qué terreno estamos pisando. Yo hablo con todo el mundo, quiero saber, pero no tengo ideas claras de lo que está ocurriendo. Yo sigo publicando libros a la manera como lo hacía en 1960. No es ya 1960, pero no tengo más remedio que seguir en esos canales y en esos caminos. Cómo me va a afectar toda la novedad, no sé.

J. C.: Tú vas a seguir leyendo en papel...

Carlos Fuentes: Yo voy a seguir leyendo en papel, pero yo sé que va a haber mucha gente que me va a leer en pantalla. Yo no puedo leer un libro en una pantalla, me horroriza la idea, me quedo bizco. Yo necesito el objeto libro y somos minoría. García Márquez lee libros en pantalla, yo no puedo. Para mí un libro es una cosa muy sagrada, es casi como una mujer, tiene olor, tiene sexo, tiene piel, lo tengo aquí, lo veo, lo amo, y no quiero perder eso, no lo voy a perder. No me queda tiempo de perderlo.

J. C.: No, lo que sí es cierto, Carlos, y perdóname que me focalice mucho en ti en este momento, es que el libro de papel te obliga a ti, como autor, a tener una determinada actitud, te pregunto, y ahí hago un futurible, ¿cómo afectará el hecho de que los libros se escriban para Internet a la propia creación literaria? Uno no imaginaría *Terra nostra,* que es un monumento tan enorme, escrita sólo para Internet. Como *Cristóbal Nonato,* es decir, ¿cómo lees tú en Internet un libro de la densidad de *Terra nostra?*

Carlos Fuentes: No lo lees, no llega ahí. Tiene que ser más simple, más vulgar, en cierto modo, más accesible. Estamos diciendo que cierto tipo de literatura está condenada por Internet, no puede llegar. ¿Tú ves a Proust publicado en Internet? ¡No se puede! *(Risas).*

¿Quién lo va a leer? Pero entonces va a haber una literatura para Internet, digamos, que va a ser fácil, breve, clara y concisa. Yo espero que si pasa eso, al lado exista todavía la posibilidad de escribir libros como *En busca del tiempo perdido* y *Ulises*, que son libros que no pasan a Internet. ¿Tú ves el *Ulises* de James Joyce en Internet? ¡Se pierde todo el sentido! Parte de la belleza del libro es su formato, su tipografía, qué sé yo, todo eso es parte de la belleza del interés del libro, eso se pierde en Internet.

J. C.: Ahora, señor Lagos, es cierto que Internet es desde el punto de vista de formulación periodística, inmediata, una novedad absoluta y usted lo está viviendo en primera persona, pero tiene eso unas consecuencias industriales que ya se ven en la crisis de la prensa y también en la crisis de la música, en la crisis de las editoriales, etcétera. ¿Cómo vislumbra usted, como gobernante que ha sido y como usuario también de los medios, las consecuencias industriales y sociales que tiene el efecto de las nuevas tecnologías?

Ricardo Lagos: Bueno, lo primero que diría es que hasta ahora y en este momento, la prensa escrita en general es la que hace la agenda de los temas públicos. Se ve la televisión corriendo detrás de la noticia que el periódico puso en primer lugar y, por lo tanto, la incidencia del medio escrito sigue siendo hoy día muy grande. Distinto es el otro tema, el de la piratería, como resultado de estos nuevos medios. Como decíamos antes, estamos al final de una época, porque sí sabemos que el ser humano va a seguir inventando canciones, y música, y va a seguir imaginando y escribiendo novelas y cuentos y poesía, y va a seguir haciendo cuadros, y para ello va a tener que seguir existiendo alguna forma de retribución. Ahora, esa retribución será pública, serán políticas públicas, es un poco como el tema de las patentes, se necesitan incentivos para crear nuevos remedios para tantas nuevas enfermedades. Esto es lo mismo pero con la diferencia de que el ser humano va a seguir buscando crear, porque es parte de su esencia. Y a mí me parece que, de todas las tareas de un gobernante, el desarrollo de la cultura es lo más trascendente. Porque eso es lo que va a quedar para siempre.

J. C.: Yo creo que podíamos aprovechar ya para hablar de la cultura. Hay algunos momentos en que ustedes, en esta conversación, establecieron que, en efecto, las dictaduras y los problemas latinoamericanos no fueron capaces de acabar con la cultura, que siguió una línea ascendente. Carlos Fuentes ponía de manifiesto algo que es verdad en Europa, que cada vez se está diluyendo más la presencia de una cultura literaria, cinematográfica o musical.

Carlos Fuentes: En cuanto a referencia nacional, ya no existe.

J. C.: Lo que quiero saber es en qué momento de la cultura estamos. ¿Qué nos está diciendo la ficción? ¿Qué nos está diciendo el cine? ¿Qué nos está diciendo la música? ¿Quiénes son los ejecutantes o los compositores que nos interesan, si es que ahora hay una identidad? Porque en los años sesenta teníamos a Bergman, a Buñuel, luego teníamos a Truffaut, a Hitchcock, Bertolucci, Fellini. Lo que quiero preguntar, Carlos, es si les resulta atractiva la cultura de hoy.

Carlos Fuentes: Mira, yo voy al tema latinoamericano, que ya hemos tratado, porque la cultura es tan importante en nuestra región, más que en otras partes, porque es el único factor de continuidad que tenemos frente a rupturas económicas y políticas constantes. Hay una cultura que viene de muy lejos, por lo menos desde Colón, pero en casos como Perú y México, de mucho antes. Eso nos da un sentido de identidad, de continuidad, de propósito, de búsqueda, sin esto estaríamos sujetos a vaivenes de tipo económico y políticos muy accidentales. El gran problema nuestro sería cómo darle una continuidad a la vida política y económica que fuera comparable a la continuidad de la vida cultural. ¿Esto es posible? Yo creo que sí, pero hasta ahora no lo ha sido. Hay destellos políticos, la presidencia de Lagos, de Cárdenas, algunas cosas que nos hacen creer en la posibilidad, pero luego se pierde enseguida, se derrumba; lo cual, desde un punto de vista egoísta, refuerza la calidad de la cultura latinoamericana que es, al fin y al cabo, parte de una cultura global. Tenemos una complejidad cultural enorme, porque somos herederos de culturas indígenas, somos herederos de culturas africanas en el continente, somos herederos de la cultura española, y cuando digo cultura española, digo cultura ibérica, digo cultura cristiana, árabe, judía, griega, romana, y somos conscientes de eso. Yo daba una clase en Harvard sobre la civilización latinoamericana, pues qué iba a hacer yo si no, y me tenía que ir a Grecia, al Derecho romano, a santo Tomás de Aquino, todo esto… Hasta que llegó un grupo de jóvenes americanos, estudiantes de Harvard, y me dijeron: «¿Por qué se va usted tan lejos?». «Porque de ahí venimos. ¿Cuándo empieza la historia para ustedes?» pregunté, y me contestaron en coro: «1776». El nacimiento de la nación americana es el comienzo de la historia, y lo anterior es una película de Cecil B. de Mille. Cleopatra, Marco Antonio, no tienen que ver con la realidad. No es la realidad de ellos. Para nosotros sí, es una carga muy grande para nosotros, tener tanta historia a nuestras espaldas, asimilarla y hacer obras de cultura y de política y de economía con esa carga cultural tan rica, tan rica que tenemos. Pero he señalado que gran parte es una cultura que viene de Europa, es una cultura mediterránea que nos llega al mundo actual. ¿En qué medida, le pregunto a Juan Cruz, los europeos se sienten ligados a América Latina a través de su propia cultura, que nosotros consideramos nuestra? Con nosotros no hay problema en asimilar la cultura de España, de la España árabe, de la España judía, de la España cristiana, romana y latina, ningún problema. ¿Y para ustedes asimilar la cultura de Latinoamérica? Yo recuerdo que cuando empecé a dar clases en Estados Unidos no había literatura latinoamericana, las clases de literatura eran de literatura española, ésa era la que valía y Latinoamérica era una cosa aldeana y aledaña, lo he contado mucho. Ahora es al revés. Ahora la cultura latinoamericana es central y la española es ancilar. Por eso pregunta cómo ven los europeos su relación con nosotros. ¡Porque España es el puente! Lo hemos dicho veinte veces en esta conversación, sin España no entramos de una manera tan feraz y natural a Europa. Gracias a España estamos en Europa y gracias a España, Europa está en América Latina, pero no sé si Europa se da cuenta de eso, no sé si España se da cuenta… Para nosotros es un factor muy importante porque tenemos una vocación universal. A todo lo que he dicho habría que añadir «tenemos este pasado, pero es un pasado con vocación universal».

J. C.: La gente de mi generación nació a leer, incluso a escribir, con el *boom* literario latinoamericano, que tuvo una repercusión inmediata en España. Las editoriales españolas se precipitaron a publicar a los novelistas del *boom.* Pero hay un detalle que a mí siempre me llamó la atención. Cuando todavía Carlos Fuentes tenía treinta y ocho años y Vargas Llosa tenía treinta y dos y García Márquez cuarenta, una editorial norteamericana encargó a un profesor, escritor y periodista argentino [Luis Harss], en inglés, un libro sobre esos jóvenes escritores que se llamó *Los nuestros.* Carlos estaba escribiendo en ese momento no recuerdo si *Cambio de piel.* García Márquez no había terminado aún *Cien años de soledad.*

Carlos Fuentes: ¿Sabes por qué entró ahí Gabo? Porque le dije a Harss que había un gran escritor que se llamaba García Márquez. «¿García, *who?*», me dijo. «Es muy buen escritor, escribe muy bien, ha escrito *El coronel no tiene quien le escriba, La mala hora,* buenas novelas». Y nadie lo conocía.

J. C.: Exactamente. ¡Pero esa gente tenía sobre treinta años! Y fue una editorial la que le dijo a Luis Harss: «Ve a buscar a quienes estén escribiendo ahora». Y dio en cinco dianas, ¡extraordinario! Y ese libro, que nació en inglés —nació en español pero fue escrito en inglés—, fue traducido luego al castellano. Es decir, que están Alejo Carpentier, Juan Carlos Onetti, Juan Rulfo, Cortázar, Lezama Lima. De pronto, la lengua española hizo *boom,* en el sentido más literal del término. Tuvo un cómplice en Carlos Barral, una cómplice en Carmen Balcells, pero nosotros somos de una cultura latinoamericana. De modo que hablas con alguien convencido. Pero yo no he visto ese entusiasmo en los últimos tiempos.

Carlos Fuentes: No, es muy distinto, porque a nosotros nos toca hacer una cosa muy importante, la literatura. No hay novela en América Latina durante la época colonial porque las autoridades no la permitían, lo cual habla mucho sobre el poder peligroso de la novela. La novela empieza propiamente con *El periquillo sarniento* de Lizardi, en 1816. Y se convierte en una novela tributaria del realismo y del naturalismo europeos. No hay más que una excepción que es Machado de Assis en portugués de Brasil... Y no es hasta el siglo XX, con Borges, Carpentier, Onetti, Cortázar, Lezama Lima y luego nosotros, que somos más jóvenes que ellos, cuando hubo una literatura que se asumió como literatura de creación y como una literatura con una obligación muy peculiar que era ¡decir lo que no se había dicho en el pasado! Era un horizonte maravilloso, ustedes ven las novelas escritas por nosotros en esa época y hay un ansia de contar lo que no se había dicho. *Cien años de soledad, La muerte de Artemio Cruz, La casa verde,* son todas novelas muy dirigidas a la recuperación del pasado (hasta *Rayuela* que lo que recupera es la relación Europa-Argentina, que es muy intensa, París-Buenos Aires); esa etapa se cumplió con obras muy buenas, yo creo, y luego vino una época en que los jóvenes dijeron: «Pero eso ya lo dijeron los maestros anteriores, nosotros vamos a hablar de la actualidad». Y ya no hay una generación. Mira el Salón del Libro de París de hace dos años, había cuarenta y dos escritores mexicanos con la condición de que estuvieran traducidos y publicados en Francia, ¡cuarenta y dos! Si le sumas los escritores chilenos, argentinos, colombianos... ¡son mil autores! Es decir, que la situación es muy distinta de cuando eran seis autores o ¡incluso doce! Cambió totalmente, numéricamente y en cuanto a calidad. Los escritores de hoy escriben sobre mil temas, pueden ser históricos, sí, pero sobre temas de actualidad: cómo se vive hoy, qué es vivir en una ciudad latinoamericana, a quién amas, con quién te casas, de quién te separas, quiénes son tus hijos, cómo es el barrio. Ya no hay ese sentido de obligación cultural insólita que tuvimos nosotros, de ninguna manera. Es decir, que es una literatura más sana, más normal, más parecida a las literaturas europeas y menos casadas con el hecho nacional; aunque pasen en Chile o México, o en Buenos Aires, van más allá. Como toda buena novela. Balzac no es importante porque describe París o porque escribe el mundo de la Restauración francesa, sino porque habla de temas, de gente, de pasiones, de ilusiones, de sueños, de recuerdos. Todo esto es el mundo del novelista. Hablaba el otro día con Juan Gabriel Vásquez, el novelista colombiano, y para él es la actualidad lo que cuenta, o el pasado visto desde la actualidad. Ya no es esa obligación de decir lo no dicho, que era la obligación que sentíamos nuestra y que se cumplió, sin duda alguna. Dijimos lo que no estaba dicho, no como la novela del siglo XIX que era una novela tartamuda en América Latina, incluyendo el chileno Alberto Blest Gana… De manera que ésta es la trayectoria, el recorrido. Y creo que es un buen recorrido. Pero finalmente, la literatura que se escribe en América Latina es parte de la literatura universal y los nombres que destacan son nombres con autoría, con obra. No son gratuitos, nadie está ahí porque es chileno, porque es argentino, por el solo hecho de representar a su país. Y esto en la poesía se había dado, Neruda era chileno pero era un poeta universal. Igual que Gabriela Mistral o Vallejo en Perú eran más que su país, representaban el arte poético a un nivel internacional. En las antologías de la poesía universal está Vallejo, está Neruda, siempre. De manera que los poetas, una vez más, se adelantaron a los novelistas. Fueron los primeros en abrir el camino, la brecha. Y se entiende que sea así, porque el poeta crea un lenguaje, en el lenguaje del poeta no hay novelistas; empleamos el lenguaje de los poetas sólo para decir lo que ellos no pueden decir. Como decía André Gide, un poeta no puede decir: «La marquesa entró a las cinco de la tarde, abrió la puerta y entró», no puede decirlo un poeta, un novelista sí. *(Risas).*

Ricardo Lagos: No me resisto a hacer un pequeño agregado a esto que Carlos ha descrito. Porque cuando hizo una referencia al siglo XIX yo iba a discrepar de lo que decía Carlos..., porque yo digo: «¡Cómo! ¡Si Blest Gana describió tan bien la sociedad chilena del siglo XIX!».

Carlos Fuentes: Es lo mejor que tenemos...

Ricardo Lagos: ¿Verdad? Un gran amigo mío, Enzo Faletto, desgraciadamente fallecido, escribió un libro magistral sobre la sociedad chilena, era uno de los sociólogos más eminentes, uno de los autores del famoso libro *Teoría de la dependencia,* de Cardoso y Faletto. Este Faletto era un personaje muy especial, decidió escribir algo sobre la sociedad chilena del siglo XIX. ¿Qué es lo que usó para describir la sociedad chilena del siglo XIX? A Blest Gana. Y tiene un hermoso libro de sociología, según él sobre la sociedad chilena, a partir de lo que Blest Gana describe en sus novelas.

Carlos Fuentes: Claro, claro.

Ricardo Lagos: El novelista de su tiempo describe su tiempo, y lo describe mucho mejor que un estudio sociológico, mucho mejor que cualquier encuesta de opinión para saber lo que están pensando los chilenos sobre no sé qué cosa. Y por lo tanto, el verdadero novelista es el que, sin darse cuenta, escribe sobre su tiempo y lo expresa mejor, de una manera más perenne. Y eso hace que el estudio sociológico con un par de citas de encuestas no dure más de dos días. Pero a la sociedad de París de comienzos del siglo XX los siete tomos de Proust sobran para definirla perfectamente.

Carlos Fuentes: Sí. Y mira Marx. En *El Capital* admite haberse basado en *La comedia humana* de Balzac para entender a la burguesía del siglo XIX.

Ricardo Lagos: Sin duda alguna. Eso enlaza con lo que decíamos de que la cultura es lo permanente de una sociedad. Es lo que la moldea, es lo que la hace. A veces veo que para muchos colegas míos la cultura es un aderezo. Yo entiendo que es un error, que la cultura tiene que estar en el centro de las políticas públicas porque es lo que va a permanecer. Por definición los gobernantes son transitorios, los poetas y novelistas devienen en clásicos. Lo clásico es lo eternamente actual. La pregunta es cómo se emplean las políticas públicas para estimular esto, sobre todo cuando los recursos son modestos. Cómo se hace esto. Cómo se captan estas pepitas de oro que a veces se nos pasan porque no tuvieron la oportunidad. Tú recordarás que en el *Confieso que he vivido,* Neruda habla de ese bibliotecario que le pasaba los libros porque su padre andaba trabajando en el tren. Neruda cuenta que ahí comenzó su amor por los libros. Y cómo nos ponemos en serio para trabajar para asegurarnos que siempre habrá un bibliotecario que le pasa los libros al Neruda del siglo XXI. Claro, sé que es más importante el producto per cápita, pero por eso ahora algunos están tratando también de medir la felicidad. No les gusta mucho a los economistas, pero hay quien dice que sería mejor, en lugar del producto nacional bruto, hablar de la felicidad nacional bruta. Y la felicidad está integrada por estas otras cosas.

J. C.: Carlos, hay algo que dijo el presidente Lagos sobre la dependencia del pensamiento francés, sobre todo, o europeo, que hubo en algún tiempo en América Latina. ¿Qué nos está diciendo ahora la intelectualidad moderna, no sólo la europea, la mundial, la latinoamericana también? ¿Cómo nos están conduciendo los intelectuales a través del marasmo de incertidumbres que tú mismo has declarado?

Carlos Fuentes: Mira, es muy difícil contestarte porque hay mucha pluralidad. Hay influencia de la prensa, que es muy importante, y la prensa se ha vuelto global. Muchos de nosotros leemos dos o tres periódicos, y no sólo en castellano, sino en francés, inglés, tenemos una idea del mundo, y los que escriben ahí tienen mucha influencia; muchos son profesores en el *Herald Tribune*, filósofos en *Le Monde*. La prensa está jugando este papel de interlocutor intelectual con más seriedad que antes, cuando eran sólo noticias o comentarios editoriales. Ahora hay escritores de veras en la prensa, pero países como Alemania, que fue el centro de la filosofía del siglo XIX, o Francia, o los propios Estados Unidos ya no son tan centrales. Lo que pasa en la literatura, pasa también en el pensamiento. Se ha desparramado por todo el mundo. Los pensadores de importancia no están aglomerados en una ciudad o un país como antes. Hay individuos hablando de individuos a través de medios sociales de comunicación, por supuesto, de manera que el pensamiento y la literatura se parecen mucho hoy en ese sentido. Ya no son obras de una generación o de un país, sino que se ha desparramado en la India, África del Norte... por donde mires hay gente que está diciendo cosas que valen la pena. Yo creo que es mucho más universal, y es producto de eso de lo que tanto hemos hablado: los medios modernos de comunicación, como expresión de un mundo muy diversificado que ya no admite fronteras, las fronteras de antaño. Para bien y para mal.

Ricardo Lagos: Ahí tienes el diario *El País,* que te saca una edición en Santiago, en México, en Buenos Aires. Eso es interesante. A veces leo algunos artículos en inglés y al día siguiente están traducidos ya al español. Y yo a las nueve de la mañana tengo el *Herald* del día allá en Chile, en el confín del mundo. El entrecruzamiento es mucho más rico y más fuerte que antes.

Carlos Fuentes: Es la misma simultaneidad en el terreno de la literatura. Ya no hay distancias, ni sello nacional que se imponga. Ya no hay un «esto hay que leerlo porque es de la escuela francesa de literatura».

J. C.: Se está produciendo una instantaneidad global, ¿no?

Carlos Fuentes: Sí, para bien y para mal, repito.

J. C.: Es como *El Aleph.*

Carlos Fuentes: El aleph lo inventó Machado de Assis, no Borges. En *Las novelas póstumas de Blas Cubas,* el personaje está en una colina y está imaginando todas las épocas y lugares del mundo con simultaneidad. Obviamente Borges leyó *Blas Cubas,* a Machado de Assis.

Las arenas movedizas del fanatismo

J. C.: Tienes razón, Carlos, lo simultáneo nació antes… Es lo que hablábamos de la escritura de las memorias, ¿no? La simultaneidad es la literatura por otros medios. Imaginar el mundo. Realmente *Cien años de soledad* era de una enorme simultaneidad, todo lo que ocurría allí estaba pasando como en un mundo circular, una locura sin tiempo.

Pero vamos a ir al tema de los fanatismos. Todos los modernismos han sacado de la agenda de la humanidad el tema de las religiones. En los últimos tiempos la religión católica está volviendo a tomar un enorme poder de convocatoria, a pesar de que no hay vocaciones. Por otra parte están las religiones que han devenido en fanatismos y que han producido elementos que son, digamos, inolvidables por lo perverso. Como el fanatismo religioso que llevó al asesinato múltiple de las Torres Gemelas. Me gustaría que ustedes comentaran lo que está pasando con los fanatismos.

Carlos Fuentes: No los degrades a fanatismos a todos. Porque yo vengo de un país en el que la religión ha jugado un papel importante. Había un pensamiento religioso muy fuerte antes de la llegada de los españoles, sólo que era una religión de lo sagrado (todo era sagrado, el árbol era sagrado, el pájaro era sagrado) y de pluralidad de los dioses. Al llegar los españoles se opusieron a esta idolatría, destruyeron los ídolos y a cambio ofrecieron el cristianismo. Pero ¿qué es lo que abunda en las iglesias mexicanas? Casi no hay iglesias mexicanas sin un cristo crucificado y sangrante. Lo que llamó la atención poderosamente al pueblo indio de México es que en vez de sacrificarse a los dioses, un dios se sacrificaba por ellos. Esto tuvo un impacto moral y mental increíble. Es la base de la fe indocatólica de México. No es puramente cristiana, no. Basta ver una procesión mexicana en México, la Virgen de Guadalupe, la Virgen de Chalma, son gente indígena, la clase popular va de rodillas con pencas de nopal, con coronas de espinas, es todo un acto de identificación religiosa que tiene muy poco que ver con la gente que va a la catedral de Saint Patrick's en Nueva York. De manera que yo parto de esa base mexicana que es muy singular después de todo, porque no todos los países de América Latina tuvieron una teocracia tan fuerte como la tuvo México. Pero a partir de eso, desprendámonos de los amarres religiosos. Eso pasó en México con Benito Juárez y las leyes de Reforma, separar a la Iglesia del Estado, es un pecado mortal quitarle bienes a la Iglesia, desamortizar bienes para dárselos no al pueblo, ¡a los hacendados! Todo esto ha provocado en México tremendos conflictos: las guerras de reforma con Juárez, la cristiada bajo la presidencia de Plutarco Elías Calles en los años veinte… hasta que Cárdenas llegó al poder y tuvo una política de moderación, simplemente. De decir está prohibido el culto externo en México, no se pueden manifestar los curas y las monjas con hábitos y las escuelas pueden tener enseñanzas religiosas pero no nombres religiosos. Yo fui al Colegio

México, que era un colegio de curas, otro se llamaba el Cristóbal Colón, que era de jesuitas, tenían nombres así, eran apócrifos. Debía llamarse Colegio del Sagrado Corazón de Jesús o Colegio de Santísima Trinidad, pero se llamaban con esos nombres laicos, Colón, Juárez. Hasta que Salinas fue el presidente, que estableció relaciones con el Vaticano y admitió que el credo tuviese actos propios en las calles y desde entonces se ha vuelto muy normal la relación, pero lo que persiste es un fervor religioso profundo en el pueblo mexicano que a mí me espanta un poco porque es muy intenso y tiene una figura tutelar. Tú, en México, puedes mentarle la madre a quien quieras, pero no a la Virgen de Guadalupe, es sagrada. Eso todos los mexicanos lo tienen que respetar, es el único símbolo que queda de la unidad nacional, la Virgen de Guadalupe, más que la bandera, más que el himno. Tú hablas mal de la Virgen de Guadalupe en México y te linchan ahí mismo. Yo no digo nada, estoy callado pero ahí está, todos rezando; mi esposa tiene a la Virgen de Guadalupe, mis criadas tienen a la Virgen de Guadalupe, ¡todo el mundo cree en la Virgen de Guadalupe! Es parte de la fe religiosa en México y no la puedes cambiar. En Chile no es igual, es muy distinta la actitud de los chilenos ante la religión, más civil.

Ricardo Lagos: El poder absoluto es cuando el poder temporal se confunde con el poder permanente de la religión, y en la relación religión-gobierno, esto se ha confundido a veces. Y entonces el rey es también el pontífice máximo respecto de la religión en ese país. Separar el reino de Dios del rey de esta tierra ya es un avance muy grande en la historia de la civilización.

Carlos Fuentes: Y cómo costó, ¿eh?

Ricardo Lagos: Sí. Y el origen divino del poder temporal… ¿cómo se iba a ir contra el poder temporal si tenía un origen divino? Eso que hoy día nos parece tan fácil separar, pero que es tan difícil. Dicho todo lo anterior, uno no puede negar el poder de las religiones en la formación de la nacionalidad, ¡lo que acaba de decir Carlos Fuentes lo refleja íntegro! Porque en la nacionalidad mexicana hoy, la Virgen es muy importante. Como el símbolo que convoca a todos. Por eso, muchas veces el poder temporal recurre a la religión como una forma de legitimarse. La identidad nacional también recurre a la religión. Ahora, cómo se establece después esta división entre Iglesia y Estado, ya cada país se va apañando como puede. Nosotros establecimos esa división recién en el año 1925, en la Constitución del 25.

Carlos Fuentes: Con Alessandri.

Ricardo Lagos: Con Alessandri, y ahí está toda la historia previa, ¿verdad? Cuando el poder temporal tenía que dar su acuerdo a quien iba a ser obispo. Era una nominación conjunta y hubo conflictos con el poder de Roma por esta razón. Y qué decir de las otras instituciones, porque la religión está involucrada en el bautizo cuando nace una persona, en su matrimonio, en su muerte…

Carlos Fuentes: Y en cómo se llama.

Ricardo Lagos: Y en cómo se llama. Y en todo eso hubo una separación de Iglesia y Estado. Pero existe una presencia inmanente de la Iglesia. Hay que saber manejar esta situación. No quiero entrar al tema más complejo de qué pasa con las nuevas religiones como los evangélicos, los protestantes que se multiplican con mayor rapidez (en Brasil, está aumentando mucho). Y no quiero entrar tampoco en este fanatismo que hay en algunos lugares. El problema, claro, está en aquellas religiones integristas y fundamentalistas que son las que están detrás de buena parte de aquellos que el 11 de septiembre atacaron las Torres Gemelas. Sólo se entiende desde un fanatismo que es tremendamente peligroso. Uno pensaba que eran historias pasadas, historias antiguas; hay que ver por qué surge ese fanatismo.

Ahora, digamos también que la Iglesia y la religión ayudan mucho al poder temporal cuando no hace las tareas bien, porque ellas dicen: «No se preocupe, hay una vida en el otro mundo, quédese tranquilo en ésta, no reclame mucho». Ayuda al fuerte, en general, a no hacer las tareas. Muchas veces se recurre a esta actividad religiosa como una forma de justificar el presente. Pero el ser humano ha buscado una explicación a la trascendencia de la vida. Me parece que es natural decir: «No puede ser que todo termine con la muerte». Yo sí pienso que termina todo con la muerte pero…

Carlos Fuentes: Hay mucha gente que no lo piensa.

Ricardo Lagos: El problema es en qué creen los que no creen, porque los que creen tienen el don de la fe y el problema lo tienen resuelto en gran medida. Pero claro, cuando se pierde un ser querido uno siente que sería más fácil cuando hay fe que cuando no hay. He llegado a lugares en donde acababa de morir una persona, donde la familia tiene fe y en el fondo es muy reconfortante el decir «ahora está al lado del Señor». Y si la persona muere demasiado pronto uno dice: «Es que era tan bueno que el Señor se lo quiso llevar antes». Ahí hay un deseo de encontrar una explicación más profunda al otro misterio que llamaríamos el destino, por darle un nombre, y el don de la fe ayuda. Y uno entiende, en consecuencia, por qué todas las sociedades han tenido religiones. Monoteístas, politeístas, el Sol, la Luna… Pero sin duda alguna, han ayudado a buena parte de la sociedad.

Carlos Fuentes: Bueno, hay que tomar en cuenta que sean como sean nuestras creencias, lo que define a nuestra sociedad es el cristianismo. La religión de un pobre hebreo que fue crucificado, que si no es por san Pedro y, sobre todo, por san Pablo, que era un gran propagandista, no hubiese llegado a Roma y no estaríamos nosotros aquí sentados. Como yo no soy creyente pero sí soy parte de la cultura cristiana, tengo que entenderlo y respetarlo. Aunque no respeto a los mochos, como decimos en México.

Ricardo Lagos: Exacto. *(Risas).* Creo en la religión pero no en los curas, que se decía. Pero lo que dice Carlos es muy cierto, somos pertenecientes a ellos.

Carlos Fuentes: Y si viviéramos en Egipto, formaríamos parte de la cultura islámica, y si viviéramos en Dinamarca, formaríamos parte de la cultura protestante. Nos envuelve la religión porque es una cosa en la que puedes creer, finalmente, sin grandes consecuencias. El régimen de Stalin, el régimen de Hitler, te exigían una militancia, te exigían demostrar que eras fiel al Reich, te ponías una esvástica, saludabas, qué sé yo… Las religiones es muy poco lo que exigen, ciertamente, quizá por eso han durado tanto. El Reich que iba a durar tantos años, duró doce. El propio estalinismo, que era más inteligente porque tenía detrás la filosofía humanista de Karl Marx, tampoco duró mucho porque se contagió de eslavismo. Así que, vamos a vivir dentro de una cultura cristiana, aunque no tengamos fe. Pero quizá, me atrevo a decir, esa cultura cristiana nos salvaguarda de muchos errores históricos que podían venir. Aunque a veces no, porque tenemos algunos dictadores latinoamericanos que practicaban mucho.

Ricardo Lagos: Sí, eso es verdad.

Carlos Fuentes: Pero sigue siendo una especie de cobertura moral que nos permite ser ateos.

J. C.: Es cierto lo que decía Carlos Fuentes, no hay que ponerle a la religión el seudónimo de fundamentalismo, pero lo que sí es verdad también es que en los últimos tiempos…

Ricardo Lagos: Ha emergido el fundamentalismo.

J. C.: Ha emergido con las religiones el fundamentalismo. También dentro de la religión católica, ¿no?

Carlos Fuentes: Y de la protestante, ¡mira en Noruega!

J. C.: En todo caso, lo que yo quería poner de manifiesto es el tema de la violencia. Evidentemente, el siglo XX fue un siglo extremadamente violento. El siglo XXI no lo ha sido menos, empezó con la gran violencia fundamentalista contra las Torres Gemelas y sigue habiéndola en África, en Asia, en América menos; en América se han calmado todas las violencias. Está la violencia del narcotráfico, evidentemente. Está la violencia que hubo y que sigue habiendo en Colombia, la que hay en México.

Carlos Fuentes: Pero hubo una época, que fue después de la guerra franco-prusiana en 1870, en la que todo el mundo creía que la paz estaba asegurada. Era un sentimiento de haber entrado en una era de paz. Y en 1914 empieza la I Guerra Mundial (que es una guerra entre tres primos hermanos: los reyes de Inglaterra, Alemania y el zar de Rusia. Eran primos hermanos descendientes de la reina Victoria. Eran familia), que llevó a las trincheras y a la muerte a millones de personas. Y ya nadie paró esa maquinaria porque la II Guerra Mundial fue una venganza de Alemania contra los resultados de la I Guerra Mundial y el Tratado de Versalles. Aquí hay que resaltar las figuras de Adenauer y De Gaulle, porque finalmente terminaron con la rivalidad franco-germana, origen nacional de estas guerras. Yo recuerdo cuando era niño, en Washington, cómo se me echaba en cara que venía de un país violento, México, un país donde había revoluciones, cosas que los americanos no entendían o no conocían. Y yo decía: «Oigan, la violencia de ustedes no se queda atrás». Qué era Chicago, qué era Al Capone, qué fue la conquista del Oeste… no lo entendían. La revolución era Zapata, bigotes, fusiles, caballos. Yo creo que eso ya se acabó y que hoy el hecho revolucionario es un hecho universal. Se ha repetido en muchas partes del mundo y ya nadie tiene el privilegio de la revolución, que antes era en América Latina, un privilegio mexicano. ¡México tenía una revolución y nadie más! Y teníamos mucho orgullo de eso. La revolución ahora no es revolución, es violencia. La violencia existe en todos lados. Se manifiesta de mil maneras. Hemos descubierto la violencia no sólo como acto político, sino como algo doméstico: la defensa de la mujer contra los abusos del hombre; toda la violencia de los curas pederastas contra muchachos. Toda clase de violencias que permean nuestra sociedad, y yo me pregunto, como ciudadano y como periodista, por qué existe esta necesidad de violencia, cuando no es a veces necesaria, cuando otro comportamiento se explicaría mejor, ¿por qué se corre este peligro? ¿Por qué se asume la atrocidad de castigo, de vergüenza, que implica la violencia? ¿Por qué? Porque entonces no es sólo un hecho político, Juan, ahí está la cosa, es un hecho muy difundido, es lo que hemos descubierto. Las mujeres nos han hecho saber cómo han sido violentadas por los hombres, cosa que sabíamos pero callábamos antes, eso no se dice en público. Los niños hablan de cómo han sido sodomizados por personas mayores. Estamos viviendo en un mundo de violencia, ¿cómo podemos evitarlo, presidente? ¿Cómo podemos crear valladares contra eso?

Ricardo Lagos: Tratemos de distinguir, ¿verdad? La violencia que se comete en nombre de un Estado contra otro Estado, las guerras. La guerra de 1914, que como muy bien señalas fue entre tres primos, y que tiene que ver con la dificultad de los Estados para vivir en paz. O el deseo de acceder a determinadas zonas que son mías o son tuyas, o que son mías y no tuyas.

Carlos Fuentes: Los Sudetes.

Ricardo Lagos: Los Sudetes y todo aquello. Quisiera creer que las dos guerras mundiales dejaron como enseñanza una suerte de «nunca más». Pero hay otra violencia, la que ejerce al interior de un país un tirano que quiere mantenerse en el poder, y ahí entra lo que comentábamos anteriormente de la responsabilidad de proteger y que yo diría que es un avance: ejercer la fuerza de manera civilizada para impedir que alguien la use de manera incivilizada. Digamos que hemos avanzado. Pero frente a los fanatismos religiosos y los grupos que no son una expresión de Estado, no sabemos mucho cómo actuar. Como no sea que se requiere mucha más labor de los servicios de inteligencia antes que la respuesta bruta de bombardear hasta dar con un señor que permanece escondido.

La otra violencia a la cual se refería Carlos, que es la de un ser humano contra otro ser humano, la de un pederasta contra un pobre niño, el abuso sexual contra las mujeres, todo eso… ¿ésta es la esencia del ser humano? ¿Es propio de un ser humano enfermo? ¿Cómo es posible que se produzca aquello en una persona inteligente, sensata, que puede estar conversando como estamos conversando aquí nosotros civilizadamente y que después tiene una actitud de violencia inusitada?

No me resisto a contar esta historia. En 1974 un médico chileno me contó que había sido llevado preso y torturado sistemáticamente. De nueve a doce, y de doce a cinco de la tarde, con una pausa para el café del torturador entre las nueve y las doce. Se trataba del doctor Carlos Molina, un famoso experto en salud pública. Y me explicó —y esto me dejó helado— que en una de sus pausas para el *coffee break*, el torturador le dijo: «Doctor, aprovechando que estamos aquí ahora, tengo un pequeño problema acá arriba del estómago, ¿podría usted decirme a qué se debe?». Y el doctor Molina le contesta: «Bueno, es que para eso tendría que examinarlo». Y empezó a hacerlo allí mismo. Y uno se pregunta: «¿Qué pasaba a este torturador, que llegaba a la tarde a jugar con los niñitos y con su señora? ¿Cómo es posible que se produzca esa degradación del ser humano?». Ahí existía una política de Estado en esa dirección, porque ese señor era un burócrata, llegaba a las nueve, se iba a las doce, almorzaba...

Carlos Fuentes: ¡Cumplía con su obligación!

Ricardo Lagos: Y a las cinco de la tarde decía: «Nos vamos, mañana a las nueve nos vemos, doctor, y sigo torturándolo; no he sacado todas las cosas de usted todavía». Cuando uno se enfrenta con eso dice: «¿Qué mundo es éste? ¿Qué pasa con esta persona? ¿Qué ocurre con su mente para llegar a eso?». Es un largo camino el de la violencia.

J. C.: La primera frase que yo apunté de esta conversación fue algo que Ricardo Lagos dijo al principio, algo así como: «¿Pero en qué mundo vivimos?». Es curioso que ahora acaba de decir lo mismo. ¿En qué mundo vivimos, Carlos Fuentes?

Carlos Fuentes: El mundo que se está haciendo, que no ha terminado. Yo me opongo mucho a la tesis del fin de la historia. El fin de la historia significa, en el fondo, la consagración de la sociedad actual. Está muy bien, ¿esto es lo mejor que puede pasar? De aquí no vamos a ningún lado. Yo creo que la historia evoluciona. Si me dan a optar entre vivir bajo los aztecas o en la colonia española, prefiero la colonia española donde nadie me va a arrancar el corazón. Van a ser otros los males. Yo quiero vivir la historia, quiero participar en la historia como ciudadano, como escritor, quiero hacer historia con mis medios y en mi esfera. Todos somos ciudadanos activos mientras estamos en la tierra. Y no podemos admitir que la historia ha terminado porque sería tanto como decir: «Hemos terminado nosotros. Y no tenemos nada que hacer. Vamos a desaparecer ya porque el mundo le pertenece a otros y son felices en un mundo que no es el mío».

J. C.: ¿En qué mundo vivimos, Ricardo Lagos?

Ricardo Lagos: Como ha dicho muy bien Carlos, es un mundo mutante. Siempre el mundo ha mutado, lo que pasa es que tal vez ahora, a lo mejor por falta de perspectiva histórica como diría Zhou Enlai, pensamos que estamos viviendo en un momento tan intenso de mutación que decimos que es un cambio más acelerado; porque si uno mira hacia atrás da la impresión de que en un siglo no pasaba nada. A lo mejor los que estaban viviendo en ese momento pensaban que en ese siglo pasaba mucho. Pero alguien que se pasaba treinta años labrando una gárgola para Notre Dame, o el que pasaba su vida siendo escriba, haciendo incunables para que se mantuviera el pensamiento, probablemente pensaran que vivían en un mundo casi inmutable. El ser humano en la Tierra es el responsable de buena parte de los cambios que hemos tenido en nuestra civilización y, por lo tanto, pretender que el mundo en que vivimos va a ser un mundo que no cambia es imposible. Yo suscribo todo lo que has dicho sobre el fin de la historia. Dicho esto, cuando uno se pregunta «¿En qué mundo vivimos?» es porque estamos viviendo cambios de tal envergadura que nos cuesta procesarlos o aberraciones de tal envergadura que nos cuesta concebirlas o saltos tan positivos que quedamos deslumbrados. Por eso sabemos exactamente dónde estábamos cuando se produjo el atentado de las Torres Gemelas o cuando el hombre llegó a la Luna. Y ahora entonces, están haciendo unos telescopios que van a transformar —no me preguntes cómo se hace aquello porque yo ya creo que esto es magia— el sonido de los gases que emitió el Big Bang en imágenes. Vamos a ver el origen del Universo. Quizá no nosotros, pero nuestros descendientes sí lo van a ver.

Carlos Fuentes: Bueno, tú haces una pregunta pertinente porque se habla de la creación del Universo, pero antes de la creación del Universo, ¿qué había?

Ricardo Lagos: ¿Qué había? ¡Nada!

Carlos Fuentes: ¿Nada? ¿Otro universo? ¿Un universo mayor que el que habitamos? Qué gran misterio. Todos estos son misterios impenetrables. La política, la literatura, el periodismo son aproximaciones al gran misterio que nunca vamos a resolver. El Universo está aquí desde siempre y para siempre. Sin calendarios.

Ricardo Lagos: Sin nada.

Carlos Fuentes: Sin nada. Eso es un pensamiento escalofriante. Porque nosotros tenemos calendarios. Al fin y al cabo, nacimos, vivimos y morimos y tenemos ascendientes y descendientes y cementerios y arquitectura, y libros. Vamos dejando un rastro aunque sea de *snails*, una baba, pero imaginarse un mundo sin principio ni fin no cabe en la razón humana. Muestra nuestra inferioridad.

¿Y MAÑANA?

¿CÓMO NOS DESPERTAREMOS MAÑANA?

J. C.: Les conté lo que escribió Jorge Guillén. «El mundo está mal hecho», dijo en un poema. En otro poema volvió a escribir: «El mundo está bien hecho», y un día le pregunté al hijo, a Claudio Guillén, que era muy inteligente y muy simpático, un gran académico: «¿Por qué tu padre hizo dos poemas tan contradictorios?». Y me contestó: «Porque en uno se acababa de levantar de la siesta y había dormido muy bien, y en el otro se acababa de levantar de la siesta y había dormido muy mal». Aparte de la anécdota, a mí sí me gustaría que usaran dos frases que les comenté antes también. Empezando por usted, señor Lagos. Esa frase: «El mundo está mal hecho» y una frase de su interlocutor todo el rato, Carlos Fuentes: «Ahora no entiendo nada».

Ricardo Lagos: El mundo está mal hecho en la Tierra, y la búsqueda de hacerlo mejor es lo que motiva al ser humano. Pero se puede mejorar a través de la acción individual o la acción colectiva. Y cuando es colectiva, es a lo que llamamos política en el buen sentido de la expresión. Pero esta frase hoy día tendemos a pronunciarla muchos porque el cambio es tan rápido que nos va cansando y no alcanzamos a explicarlo. Si los cambios en la Edad Media eran más lentos era más fácil adelantarse y pensar. Sin embargo, yo creo que a la larga el ser humano siempre ha sido capaz de desentrañar estos cambios y a partir de eso, seguir avanzando.

Carlos Fuentes: Yo casi no hago más que suscribir lo que dice el presidente Lagos, pero con el añadido de que ¿qué quieren los indignados en España? ¿Qué quieren las gentes que están en las calles de Inglaterra? ¿Qué quieren los ciudadanos de África del Norte? ¿Qué quieren estos chicos en Chile? ¿Qué están, estamos, buscando? Señalo unos cuantos casos pero podría señalar veinte o más. Qué buscan, qué quieren que no hicimos nosotros. Porque nosotros estamos de salida, en cambio estos muchachos están de entrada. Pero no entiendo lo que quieren. Constato que están buscando y enojados, y en las calles, y no entiendo lo que quieren. Quizá nunca lo sepa. Pero el hecho es que la gente no está contenta con el statu quo y eso me parece bien en el fondo.

Ricardo Lagos: Toda generación, Carlos, tiene sus propios sueños. Y los construye a partir del presente. Y no hay nunca un presente que no tenga algo un poquito vergonzante, y cuando eso se percibe es cuando se dice: «Ahora lo cambio, ése es el rol de mi generación». Eso es lo que permite el avance de la historia. De manera que yo creo que a lo mejor ellos mismos tampoco saben exactamente lo que quieren, pero sí perciben que en el presente hay algo que se puede cambiar para hacerlo mejor.

Carlos Fuentes: Amén.

J. C.: Amén. Una última cuestión. Me gustaría saber qué les preocupa ahora como ciudadanos, como personas interesadas en el devenir de la historia y en este mundo.

Carlos Fuentes: Me preocupa la vida de mi mundo. Que el mundo sobreviva. Son tantas las amenazas, desde el calentamiento global, las mareas, las guerras, el terro-rismo, veinte mil cosas que amenazan la vida y el mundo. Me interesa que el mundo persista para conservar las maravillas que hemos creado. Y poder seguir añadien-do maravillas en el futuro, cuando ya no estemos aquí. La supervivencia del mundo contra tantas amenazas se-ría el valor que me propongo. Que las tumbas estén en su lugar, que no sean arrasadas, inundadas, sino que se-pamos dónde están los nuestros, y dónde vamos a estar nosotros.

Ricardo Lagos: Bueno, yo creo que puedo hacer una lectura más personal sobre qué me preocupa. Que nos alcance el tiempo, que me alcance el tiempo, para poder conocer aquellas cosas que todavía uno quiere conocer. Ser capaz de saber a adónde va a llegar la próxima ge-neración. Porque con la rapidez de los cambios, la sen-sación que uno tiene es que cada generación es cada vez más rápida en los cambios que es capaz de introducir. Y por lo tanto, me preocupa también ver cómo el ser humano se va a ir adaptando a la mayor rapidez de estos cambios. Eso me hace difícil imaginar cómo va a ser el mundo de mis nietos. Esta nieta de cuatro, cinco y ocho años, ¿cómo va ser el mundo cuando ella tenga ochenta o setenta? ¿Cómo se va a adaptar? Y pienso en cómo va a ser el cambio de esos seis mil millones que somos aho-ra a los nueve mil que dicen que va a ser apenas el 2050, o sea, pasado mañana.

Carlos Fuentes: Cuántos éramos en 1900, mil millones.

Ricardo Lagos: Y ahí está entonces el gran dilema del futuro.

J. C.: ¡Y los que habitan en China!

Carlos Fuentes: No va más.

Hace más de cincuenta años que el régimen político derivado de la Revolución Cubana echó a andar un mecanismo para que la sociedad de la isla olvidara su pasado, no cuestionara su presente y diera por sentado el futuro comunista. Ahora, los defensores y opositores de ese régimen se encuentran sumidos en una discusión que trasciende los límites de la isla y que obliga a cuestionar la historia oficial y las consecuencias que ésta ha tenido para el desarrollo de esa nación.

Todos los esfuerzos de la izquierda para adaptarse a los nuevos tiempos han sido insuficientes. La derecha, en su forma globalizada y mediática, ha sido la verdadera sorpresa del panorama político-cultural de principios del siglo XXI: promete felicidad y bienestar para todos. Está muy al día en cuanto a imagen y técnicas de propaganda, quiere parecer moderna y vital. Es el Monstruo Amable, el rostro sonriente de este nuevo despotismo que degradará a los hombres "sin atormentarlos".

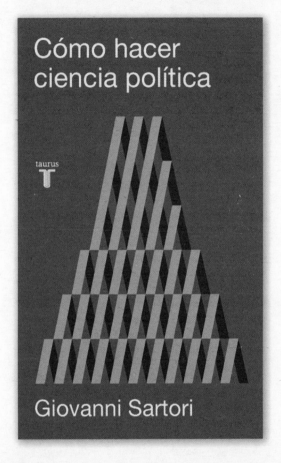

Como una especie de "discurso del método", el pensamiento de Sartori sobre las herramientas lógicas y lingüísticas del análisis político y social, y en especial sobre la ciencia política comparada, se caracteriza por su claridad y su rigor, y combina en forma magistral la sabiduría con el sentido común para poner en evidencia las falacias y las miserias del trabajo científico y proponer para ellas soluciones inteligentes y prácticas.

Taurus es un sello editorial del Grupo Santillana

www.editorialtaurus.com

Argentina
Av. Leandro N. Alem, 720
C 1001 AAP Buenos Aires
Tel. (54 114) 119 50 00
Fax (54 114) 912 74 40

Bolivia
Calacoto, calle 13, n° 8078
La Paz
Tel. (591 2) 279 22 78
Fax (591 2) 277 10 56

Chile
Dr. Aníbal Ariztía, 1444
Providencia
Santiago de Chile
Tel. (56 2) 384 30 00
Fax (56 2) 384 30 60

Colombia
Carrera 11 A, n.° 98-50. Oficina 501
Bogotá
Tel. (57 1) 705 77 77
Fax (57 1) 236 93 82

Costa Rica
La Uruca
Del Edificio de Aviación Civil 200 m al Oeste
San José de Costa Rica
Tel. (506) 22 20 42 42 y 25 20 05 05
Fax (506) 22 20 13 20

Ecuador
Avda. Eloy Alfaro, 33-3470 y Avda. 6 de
Diciembre
Quito
Tel. (593 2) 244 66 56 y 244 21 54
Fax (593 2) 244 87 91

El Salvador
Siemens, 51
Zona Industrial Santa Elena
Antiguo Cuscatlan - La Libertad
Tel. (503) 2 505 89 y 2 289 89 20
Fax (503) 2 278 60 66

España
Torrelaguna, 60
28043 Madrid
Tel. (34 91) 744 90 60
Fax (34 91) 744 92 24

Estados Unidos
2023 N.W. 84th Avenue
Doral, F.L. 33122
Tel. (1 305) 591 95 22 y 591 22 32
Fax (1 305) 591 74 73

Guatemala
26 Avenida 2-20
Zona n°14
Guatemala C.A.
Tel. (502) 24 29 43 00
Fax (502) 24 29 43 43

Honduras
Colonia Tepeyac Contigua a Banco Cuscatlan
Boulevard Juan Pablo, frente al Templo
Adventista 7° Día, Casa 1626
Tegucigalpa
Tel. (504) 239 98 84

México
Avda. Río Mixcoac, 274
Colonia Acacias
03240 Benito Juárez
México D.F.
Tel. (52 5) 554 20 75 30
Fax (52 5) 556 01 10 67

Panamá
Vía Transísmica, Urb. Industrial Orillac,
Calle segunda, local #9
Ciudad de Panamá.
Tel. (507) 261 29 95

Paraguay
Avda. Venezuela, 276,
entre Mariscal López y España
Asunción
Tel./fax (595 21) 213 294 y 214 983

Perú
Avda. Primavera 2160
Surco
Lima 33
Tel. (51 1) 313 4000
Fax (51 1) 313 4001

Puerto Rico
Avda. Roosevelt, 1506
Guaynabo 00968
Puerto Rico
Tel. (1 787) 781 98 00
Fax (1 787) 782 61 49

República Dominicana
Juan Sánchez Ramírez, 9
Gazcue
Santo Domingo R.D.
Tel. (1809) 682 13 82 y 221 08 70
Fax (1809) 689 10 22

Uruguay
Juan Manuel Blanes, 1132
11200 Montevideo
Tel. (598 2) 402 73 42 y 402 72 71
Fax (598 2) 401 51 86

Venezuela
Avda. Rómulo Gallegos
Edificio Zulia, 1° - Sector Monte Cristo
Boleita Norte
Caracas
Tel. (58 212) 235 30 33
Fax (58 212) 239 10 51

Este libro se terminó de imprimir en el mes de Agosto de 2012
en los talleres de IMPRIMEX, Antiguo Camino a Culhuacán No.87
Col. Sta. Isabel Industrial Deleg: Iztapalapa
México D.F., C.P. 09820 Tel:. 5670 9996